AF221180

Mit Psalmen beten bei Krankheit und Not

Michael Felske

Impressum

Bibliografische Information der Deutschen Nationalbibliothek:
Die Deutsche Nationalbibliothek verzeichnet diese Publikation
in der Deutschen Nationalbibliografie; detaillierte
bibliografische Daten sind im Internet über http://dnb.dnb.de
abrufbar.

Herstellung und Verlag: BoD – Books on Demand,
Norderstedt

ISBN: 978-3-7543-0184-5

INHALTSVERZEICHNIS

WORTE ZU BEGINN

Krankheit und Unglück sind furchtbare Situationen voll mit heftigen Gefühlen. Oft ist kein Land in Sicht und kein Ausweg erscheint möglich. Hilfe durch andere, durch Freunde, kommt selten. Wenn doch, kann sie nicht wertvoll genug eingeschätzt werden. Wenn nicht, dann stehst Du völlig allein da. Mitten auf einer Bühne, auf der Du niemals stehen wolltest, prallt der Teil von Deinem Leben auf Dich ein, den Du immer vermeiden wolltest. Doch nun musst Du Dich dieser Situation stellen und brauchst Hilfe. Aus meinem persönlichen Erleben kann ich Dich trösten und Dir Hilfe zusagen, sie sogar versprechen. Selbstverständlich nicht von mir, sondern von Gebeten, die bereits vor mehreren tausend Jahren vor Jesus Christus „ihren Dienst" getan haben. Sie halfen den Menschen damals und werden auch Dir helfen. Diese Gebete stehen im Buch der Psalmen im Alten Testament der Bibel. Hier stelle ich Dir den Text in der Übersetzung von Martin Luther in der Fassung aus einem Druck des Jahres 1853 vor. Es handelt sich also um einen Text, den Martin Luther übersetzt hat, den nach ihm noch keiner übersetzte. Sicherlich ist das nicht die aktuelle Version. Doch nachdem ich die veränderten Gebetstexte der verschiedenen Verlage, die ihre Titel heute auf dem Markt bringen, gelesen hatte, stand für mich fest: Ich möchte ganz nah dran – zu mindestens sehr nah dran sein – an dem, was früher geschrieben wurde. Im folgenden Text stelle ich Dir zuerst den Luther-Psalm vor. Dann übertrage ich diesen in eine aus meiner Sicht verständliche Version. Außerdem biete ich Dir eine Interpretation eines jeden Psalms, der hierfür thematisch ausgewählt wurde.

ÜBER DIE PSALMEN

Das Buch der Psalmen ist das größte Poesiebuch das wir lesen können. Geistliche Lieder und Gebete des Volkes Israel regen uns zum Nachdenken und Beten an.

Diese Psalmen stammen aus der Zeit 1500-500 v. Chr. Genau lässt es sich nicht festlegen, wann die einzelnen Psalmen geschrieben wurden. Einer der ersten soll Moses gewesen sein.
Zu den Psalmen sagt man auch Psalter, was in der Übersetzung „Liedersammlung" heißt. Im Entstehungs- zeitraum wurde also viel gesungen, eben Gott zur Ehre.

Es gibt insgesamt 150 Psalmen. Autoren waren neben Moses und David auch der Priester Asaf, die Söhne Korachs, Salomon, Heman und Etan. Fünfzig Psalmen sind auf keinen Urheber zurück zu führen.

Obschon zum Teil ein Ton der Trauer und der Klage Auch wenn es in den Psalmen verstärkt auch um Krankheit, Leid und Not geht, sind die meisten Gebete aus diesem Buch Loblieder auf den Herrn.

Wenn wir über Gott und seine Taten nachdenken, dann empfiehlt sich die Lektüre der Psalmen sehr. Wir können Gott loben und viele Entwicklungen und Situationen kennen lernen.

Viel bedeutsamer ist es aber, dass, wie die Auswahl hier im Büchlein zeigt, die Psalmen uns auch in schlechten Zeiten, bei Not und Krankheit, sogar bei bevorstehendem Tod weiter helfen können. Wir lernen mit den Psalmen in allen Lagen mit Gott Kontakt zu knüpfen und für ihn zu beten. Das ist so in der ganzen Welt. In allen Ländern behaupten die Psalmen ihren Platz in der Liturgie der Gottesdienste. So stärken sie die Gläubigen auch in Notlagen.

PSALM 6 - TODESANGST

Herr, strafe mich nicht in deinem Zorn, züchtige mich nicht in Deinem Grimm!

Herr, sei mir gnädig, denn ich bin schwach; heile mich Herr, denn meine Gebeine sind erschrocken,

und meine Seele ist sehr erschrocken. Ach Du Herr, wie lange!

Wende Dich Herr und errette meine Seele; hilf mir um Deiner Güte willen!

Denn im Tode gedenkt man Dein nicht; wer will Dir bei den Toten danken?

Ich bin so müde vom Seufzen; ich schwemme mein Bett die ganze Nacht und netze mit meinen Tränen mein Lager.

Meine Gestalt ist verfallen vor Trauern und ist alt geworden; denn ich werde allenthalben geängstigt.

Weichet von mir, alle Übeltäter; denn der Herr hört mein Weinen,

der Herr hört mein Flehen; mein Gebet nimmt der Herr an.

Es müssen alle meine Feinde zu Schanden werden und sehr erschrecken, sich zurückkehren und zu Schanden werden plötzlich.

Martin Luther

Psalm 6 - Neufassung

Herr bestrafe mich nicht. Du bist wütend und zornig. Ich bitte Dich: Herr, strafe mich nicht in Deinem Zorn.

Sei gut zu mir, o Herr. Ich brauche Hilfe, denn ich komme sonst um!

Heile mich, o Herr, denn mein Körper ist krank und meine Seele geschockt. Wie lange soll das noch so weiter gehen?

Wie lange muss ich auf Dich warten?

Komm wieder zurück zu mir und rette mich. Hilf mir und meiner Seele! Du kannst das, denn Du bist gnädig.

Wenn ich erst gestorben bin, dann kann ich nicht mehr an Dich denken, Dir dankbar sein. Dort im Reich der Toten lobt Dich vielleicht niemand?

Geschwächt bin ich durch mein stundenlanges Weinen und Jammern. Meine Bettwäsche ist schon nass von meinen Tränen.

Wenn ich in den Spiegel schaue sehe ich mein gealtertes Gesicht. Ich habe schon Falten vor lauter Sorgen. Aus lauter Angst vor meinen Feinden und meiner Krankheit.

Verschwindet jetzt alle aus meinem Leben. Alle, die gegen mich sind sollen verschwinden. Seid auf der Hut, denn der Herr hat mein Weinen gehört. Er weiß, dass es mich gibt. Er nimmt mein Gebet an!

Alle meine Gegner, meine Feinde werden Schaden nehmen und sich fürchten. Mir wird geholfen. Sie sollen nachgeben und verschwinden. Sie sollen sich schämen vor dem Herrn.

Psalm 6 - Auslegung

Du bist allein. Allein gegen alle, gegen den Rest der Welt. Es hilft Dir keiner. Deine Gesundheit hat schlimm gelitten. Körper und Seele sind krank. Du bittest den Herrn um Hilfe. Doch erst spürst Du nichts davon. Du liegst allein im Bett, einsam und verlassen. Deine einzige Begleitung sind Deine Tränen, die Dein Kopfkissen haben nass werden lassen. Die Hilfe des Herrn kommt Dir nicht schnell genug. Aber Du gibst nicht auf, bittest ihn an Deine Seite um Dir zu helfen und Dir beizustehen. Allein Dein Glaube, Dein unerschütterlicher fester Glaube und Dein inniges Bitten sorgen dafür, dass Dir geholfen wird. Wenn Du Dich auf dem richtigen Weg, auf dem Weg des Guten befindest, dann werden Deine Feinde und Gegner verschwinden und sich auch noch schämen.

Der unerschütterliche Glauben an den Herrn und Deine Beharrlichkeit in der Hoffnung auf Hilfe bringen Dir die erhoffte Unterstützung und Hilfe.

Dann bist Du nicht mehr allein, denn der Herr ist an Deiner Seite! Und Du darfst weiter leben.

PSALM 13 - VERTRAUEN

Herr, wie lange willst Du mein so gar vergessen? Wie lange verbirgst du Dein Antlitz vor mir?

Wie lange soll ich sorgen in meiner Seele und mich ängsten in meinem Herzen täglich? Wie lange soll sich mein Feind über mich erheben?

Schaue doch und erhöre mich, Herr, mein Gott! Erleuchte meine Augen, dass ich nicht im Tode entschlafe,

dass nicht mein Feind rühme, er sei mein mächtig geworden, und meine Widersacher sich nicht freuen, dass ich niederliege.

Ich hoffe aber darauf, dass Du so gnädig bist; mein Herz freut sich, dass Du so gerne hilfst. Ich will dem Herrn singen, dass er so wohl an mir tut.

Martin Luther

Psalm 13 - Neufassung

Wie lange lässt Du mich noch allein? Ich kann Dich nicht sehen! Wie lange noch?

Jeden Tag mache ich mir heftige Sorgen, jeden einzelnen Tag. Ich leide bis mir mein Herz zerbricht. Und wie lange noch sollen die, die gegen mich sind, noch erfolgreich sein?

Sieh mich an und höre meine Gebete! Gib meinen Augen Kraft, damit ich sehen kann und nicht sterbe.

Erhöre meine Gebete, damit meine Gegner nicht behaupten können, dass sie stärker sind. Ich will fest in meinem Glauben bleiben, damit keiner behaupten kann, dass ich vom richtigen Weg abgekommen bin.

Dir mein Herr vertraue ich. Ich hoffe auf deine Gnade. Mein Herz zerspringt mir fast vor Freude, weil Du mir hilfst. Deshalb singe ich Dir zu Ehren ein schönes Lied. Weil Du es bist, der mir immer hilft und mich unterstützt. Dir vertraue ich!

Psalm 13 - Auslegung

Du bist allein und weißt nicht weiter. Du fühlst nicht, dass Dir der Herr hilft und Dich bei Deinen Problemen unterstützt. Deshalb fühlst Du Dich schlecht, Du bekommst sogar Herzschmerzen und befürchtest sogar eine Erkrankung Deiner Seele. Ja, da stehst Du sogar kurz davor. Du fragst Dich, warum Du den Herrn nicht sehen kannst und meinst, er verbirgt sich vor Dir, er verstecke sich.

Du fühlst Dich als Opfer. Andere stellen sich über Dich und wollen Dir schaden. Du willst nicht, dass sie stärker sind als Du. Deine Gebete sprichst Du. Wieder und immer wieder, denn Du hast ein sehr großes Vertrauen, dass der Herr Deine Worte auch wirklich hört – irgendwann.

Was Du vielleicht nicht weißt ist: Der Herr hört Deine Gebete immer. Du hast keine Not den Glauben und die Hoffnung zu verlieren. Wenn die Zeit gekommen ist, dann hilft Dir der Herr. Er gibt Dir Kraft, macht Dich stark. Du musst nicht Deine Augen schließen und sterben. Du vertraust auf den Herrn und plötzlich fühlst Du seine Hilfe und Unterstützung. Vor lauter Freude geht Dir Dein Herz auf und Du willst nur noch eins: singen, schön und laut singen. Damit machst Du dem Herrn eine Freude und ein großes Geschenk. Vertraue auf den Herrn und er vertraut Dir.

PSALM 22 - RETTUNG

Mein Gott, mein Gott, warum hast du mich verlassen? Ich heule; aber meine Hilfe ist ferne.

Mein Gott, des Tages rufe ich, so antwortest Du nicht; und des Nachts schweige ich auch nicht.

Aber du bist heilig, der du wohnst unter dem Lobe Israels!

Unsre Väter hofften auf Dich; und da sie hofften, halfst Du ihnen aus.

Zu dir schrien sie und wurden errettet; sie hofften auf Dich und wurden nicht zu Schanden.

Ich aber bin ein Wurm und kein Mensch, ein Spott der Leute und Verachtung des Volks.

Alle, die mich sehen, spotten mein, sperren das Maul auf und schütteln den Kopf:

»Er klage es dem Herrn; der helfe ihm aus und errette ihn, hat er Lust zu ihm.«

Denn Du hast mich aus meiner Mutter Leibe gezogen; Du warst meine Zuversicht, da ich noch an meiner Mutter Brüste war.

Auf Dich bin ich geworfen vom Mutterleib an; Du bist mein Gott von meiner Mutter Schoß an.

Sei nicht ferne von mir, denn Angst; denn es ist hier kein Helfer.

Große Farren haben mich umgeben, gewaltige Stiere haben mich umringt.

Ihren Rachen sperren sie auf wider mich wie ein brüllender und reißender Löwe.

Ich bin ausgeschüttet wie Wasser, alle meine Gebeine haben sich zertrennt; mein Herz ist in meinem Leibe wie zerschmolzen Wachs.

Meine Kräfte sind vertrocknet wie eine Scherbe, und meine Zunge klebt an meinem Gaumen, und du legst mich in des Todes Staub.

Denn Hunde haben mich umgeben, und der Bösen Rotte hat mich umringt; sie haben meine Hände und die Füße durchgraben.

Ich kann alle meine Gebeine zählen; sie aber schauen und sehen ihre Lust an mir.

Sie teilen meine Kleider unter sich und werfen das Los um mein Gewand.

Aber Du, sei nicht ferne; meine Stärke, eile, mir zu helfen!

Errette meine Seele vom Schwert, meine einsame von den Hunden!

Hilf mir aus dem Rachen des Löwen und errette mich von den Einhörnern!

Ich will Deinen Namen predigen meinen Brüdern; ich will Dich in der Gemeinde rühmen.

Rühmet den Herr, die ihr ihn fürchtet; es ehre ihn aller Same Jakobs, und vor ihm scheue sich aller Same Israels.

Denn er hat nicht verachtet noch verschmäht das Elend des Armen und sein Antlitz vor ihm nicht verborgen; und da er zu ihm schrie, hörte er´s.

Dich will ich preisen in der großen Gemeinde; ich will meine Gelübde bezahlen vor denen, die ihn fürchten.

Die Elenden sollen essen, daß sie satt werden; und die nach dem Herrn fragen, werden ihn preisen; euer Herz soll ewiglich leben.

Es werden gedenken und sich zum Herrn bekehren aller Welt Enden und vor ihm anbeten alle Geschlechter der Heiden.

Denn des Herrn ist das Reich, und er herrscht unter den Heiden.

Alle Fetten auf Erden werden essen und anbeten; vor ihm werden die Kniee beugen alle, die im Staube liegen, und die so kümmerlich leben.

Er wird einen Samen haben, der ihm dient; vom Herrn wird man verkündigen zu Kindeskind.

Sie werden kommen und seine Gerechtigkeit predigen dem Volk, das geboren wird, daß er´s getan hat.

Martin Luther

Psalm 22 - Neufassung

Mein Gott, mein Gott, warum hast du mich verlassen? Warum kommst Du nicht zu mir und rettest mich. Warum hörst Du nicht, dass ich mich beklage?

Mein Gott, ich rufe nach Dir Tag und Nacht. Du antwortest mir nicht. Ich kann vor lauter Sorgen nachts nicht schlafen.

Du bist heilig. Israel lobt Dich mit Liedern! In allen geht es immer um Dich.

Meine Vorfahren haben auf Dich vertraut. Dafür hast Du sie gerettet.

Dich riefen Sie an und Du hast ihnen geholfen. Sie vertrauten Dir und nahmen keinen Schaden.

Ich aber bin so klein wie ein Wurm. Unwichtig wie kein anderer Mensch. Alle verspotten und verachten mich.

Wer mich sieht macht Witze über mich. Ich sehe wie ihre Münder immer schneller auf und zu gehen. Sie reden schlecht über mich und schütteln dabei den Kopf und sagen: „Er soll gefälligst auf den Herrn vertrauen. Der kann ihm ja helfen. Der soll ihn retten."

Ja, Du warst bei meiner Geburt dabei. Ich vertraute Dir schon als ich noch an der Mutterbrust gestillt wurde. Schon damals gabst Du mir Hoffnung. Seit meiner Geburt bist Du mein Gott.

Bitte bleibe nicht weiter weg von mir. Mühe und Not sind da und ich habe keine Hilfe.

Ich fühle mich als müsste ich allein gegen viele übermächtige starke Tiere kämpfen. Sie umzingeln mich. Sie alle brüllen mich an wie ein gefährlicher Löwe.

Mir ist elend. Alle Knochen tun mir weh. Mein Herz fühle ich schon gar nicht mehr. Es ist verschmolzen wie eine alte Kerze.

Ich bin kraftlos und durstig. Warum lässt Du es zu, dass ich verkomme und demnächst sterbe?

Wie eine wilde Hundemeute bedrohen mich meine Gegner. Sie haben mich umzingelt. Meine Hände und Füße schmerzen fürchterlich.

Da liege ich nun und kann nur noch meinen Körper sehen. Alle schauen mir zu und spotten schadenfroh über mich.

Sie ziehen mich bis auf die nackte Haut aus. Dann verlosen sie meine Kleider untereinander. Nun liege ich hilflos im Staub vor der bissigen Meute.

Von ganz unten flehe ich Dich an, O Herr. Stehe mir bei! Mache mich stark und eile mir zu Hilfe!

Rette meine Seele, damit sie kein Schwert zerschneiden kann. Schütze und bewahre mich vor der rohen Gewalt der bissigen Hunde!

Zerre mich heraus aus dem Rachen des Löwen!

Ja, jetzt hast Du meine Gebete erhört. Du hast mich vor den spitzen Hörnern der Büffel gerettet!

Das werde ich allen Menschen erzählen. Ich will, dass alle wissen wie Du mich gerettet hast. In meiner ganzen Gemeinde werde ich Dich loben.

Alle, auch die vielleicht Angst vor Dir haben und die Ehrfurcht haben sollen Dich loben und ehren.

Denn Du lässt Dich auch auf die Armen ein, die im Elend leben. Als ich voller Panik nachts nach Dir schrie, hast Du mich gehört.

Über Dich möchte ich vor der gesamten Gemeinde sprechen und Dich loben mit meinem Lied.

Die Hungernden sollen essen und satt werden. Jeder, der den Herrn sucht wird ihn finden und sich darüber von ganzem Herzen freuen. Dann werden sie ihn loben.

Daran können alle Menschen denken. Sie alle werden Dich anbeten, auch die Menschen, die bisher an nichts glauben.

Denn das Königreich gehört Dir. Du bist der alleinige Herrscher.

Die Mächtigen der Erde knieten vor Dir nieder. Auch die im Staub liegen beugen sich vor Dir.

Die Kinder derer, die sich vor Dir verbeugen, werden Dir dienen. Von Deiner Gerechtigkeit wird allen berichtet. Auch denen, die als Volk noch gar nicht geboren sind.

Psalm 22 - Auslegung

Es ist Nacht und Du weinst. Du kannst nicht schlafen vor lauter Kummer. Mit letzter Kraft schreist Du die Worte hinaus: „Mein Gott, warum hast Du mich verlassen?" Er scheint nicht bei Dir zu sein. Früher, das weißt Du von Erzählungen und alten Geschichten, haben ihm die Menschen vertraut und er hat ihnen geholfen. Doch bei Dir scheint es nicht so zu sein.

Dein Leid nimmt kein Ende. Die anderen Leute zerreißen sich das Maul über Dich. Sie verspotten und reden nur schlecht über Dich. Sie denken vielleicht „Soll Gott doch helfen!" Schließlich gefällt Dir der Herr und seine mögliche Hilfe.

Doch es kommt noch schlimmer. Du wirst bedroht und auf den Boden geworfen. Wie gefräßige Löwen und bissige Hunde wirft sich die Meute auf Dich. Spitz wie Stierhörner sind die Misshandlungen. Dann liegst Du im Dreck. Du verlierst Deine letzte Ehre. Deine Kleidung wird Dir vom Körper gerissen. Du liegst nackt vor Deinen Feinden. Gedemütigt, völlig erniedrigt scheint Deine Situation ausweglos zu sein. Doch Du reißt Dich zusammen, sammelst Deine letzten Kräfte in dieser ausweglosen Situation und rufst um Hilfe. Und

Dein Rufen wird erhört. Der Herr steht Dir bei und rettet Dich vor allem Bösen.

Reissende Löwen, gefräßige Hunde und spitze Hörner, die Dich aufspießen wollen – das soll nicht ausweglos sein? Das fragst Du Dich sicherlich nun. Heute sind es keine wilden Tiere, die Dich bedrohen. Heute heißen die „Gegner und Feinde" Neid, Missgunst, Mobbing, Untreue und Unehrlichkeit. Und ganz sicher auch Krankheit, vielleicht sogar lebensbedrohliche Krankheit. Psalm 22 zeigt seit tausenden von Jahren, dass es für Dich, wenn Du an den Herrn glaubst, keine wirklich aussichtlosen Situationen gibt. Zahlreiche Geschichten von Heilungen kursieren, die nachdenklich machen. Auch das gibt es. Bete mit diesem Psalm und Dir wird geholfen wie dem Menschen, der hilflos und von Tode bedroht vor seinen Feinden im Staub darniederliegt. Ihm wurde geholfen, der Herr stand ihm bei. Das wird er allen erzählen und von der Kraft des Herrn in seiner gesamten Gemeinde, im ganzen Land erzählen. Er wird es bestimmt mit seinem Loblied im Refrain singen. Der lautet: „Ja, der Herr hat es getan!"

Das kannst auch Du. Ganz bestimmt!

PSALM 28 – HILFERUF BEI TODESGEFAHR

Wenn ich rufe zu Dir, Herr, mein Hort, so schweige mir nicht, auf daß nicht, wo Du schweigst, ich gleich werde denen, die in die Grube fahren.

Höre die Stimme meines Flehens, wenn ich zu Dir schreie, wenn ich meine Hände aufhebe zu Deinem heiligen Chor.

Raffe mich nicht hin mit den Gottlosen und den Übeltätern, die freundlich reden mit ihren Nächsten und haben Böses im Herzen.

Gib ihnen nach ihrer Tat und nach ihrem bösen Wesen; gib ihnen nach den Werken ihrer Hände; vergilt ihnen, was sie verdient haben.

Denn sie wollen nicht achten auf das Tun des Herrn noch auf die Werke seiner Hände; darum wird er sie zerbrechen und nicht aufbauen.

Gelobt sei der Herr; denn er hat erhört die Stimme meines Flehens.

Der Herr ist meine Stärke und mein Schild; auf ihn hofft mein Herz, und mir ist geholfen. Und mein Herz ist fröhlich, und ich will ihm danken mit meinem Lied.

Der Herr ist ihre Stärke; er ist die Stärke, die seinem Gesalbten hilft.

Hilf Deinem Volk und segne Dein Erbe und weide sie und erhöhe sie ewiglich!

Martin Luther

Psalm 28 - Neufassung

Wenn ich Dich rufe, Herr, dann schweige bitte nicht. Du bist meine große Stütze. An Dich kann ich mich anlehnen. Wenn Du stumm bleiben würdest, dann wäre ich denen gleichgestellt, die sterben und in die Grube gelegt werden.

Höre die meine Stimme und mein Flehen, wenn ich zu Dir schreie. Und auch, wenn ich dabei meine Hände zu Dir ausstrecke.

Lass mich nicht sterben zusammen mit den Gottlosen und den Übeltätern. Sie reden freundlich mit den Menschen und führen dabei Böses im Schilde.

Gib ihnen das was sie verdient haben nach übler Tat und schlechtem Wesen; gib ihnen das, was dem entspricht, was sie mit ihren Händen angestellt haben.

Denn sie achten nicht auf Dein Tun und das Werk Deiner Hände; darum wirst Du sie zerstören und keinesfalls wieder auf aufbauen. Gelobt sei der Herr; denn er hat meine Stimme und mein Flehen erhört.

Der Herr ist meine Stärke und mein Schutzschild; auf ihn kann ich vertrauen, er hilft mir. Und ich bin fröhlich. Dafür will ich Dir danken mit einem Lied.

Der Herr ist die Stärke; er ist die Stärke, die seinem Gesalbten hilft.

Hilf Deinem Volk und segne Dein Erbe und weide sie und trage sie für immer!

Psalm 28 – Auslegung

Gott soll unser Beten erhören. Anderenfalls, so meint es der Psalm, fühle man sich gleichgestellt mit denen, die bald sterben.

Je stärker das Flehen und Heulen, desto mehr erwartet man eine Antwort Gottes. Das macht nach dem Gesetz von Ursache und Wirkung Sinn. Bloß: Trifft das auch auf die Interaktion mit dem Herrn zu? Möglicherweise, so meine diplomatische Antwort.

Jeder möchte sich unterscheiden und zeigen, dass man bis zum Lebensende einer von den „Guten" war. Daraus rekrutiert der Wunsch nicht mit Kriminellen und „Scheinheiligen", die immer schöntun, aber böse reden, über einen Kamm geschoren zu werden. Noch nicht einmal sterben möchte man mit denen. Denn die sind zu verurteilen. Auch von Gott. Hier redet der Psalm Klartext: Gib ihnen das was sie verdient haben, heißt es. Schlimmer noch: Weil sie sich nicht an den Taten des Herrn orientieren, soll er sie sogar zerstören. Ob er das wirklich tut, kann keiner wissen. Wir können an sowas wie eine abschließende Gerechtigkeit glauben, auf eine Abrechnung „vor dem Gottestor" im Himmel.

Meiner Erfahrung nach erhalten Menschen, die Böses tun, oftmals schon zu Lebzeiten das, was sie verdient haben. Hier glaube ich an eine Art von Gesetzmäßigkeit, die gerne als esoterisch abgetan wird, die aber auch mit der ausgleichenden

Gerechtigkeit Gottes in Verbindung gebracht werden kann. So sehe ich das, für mich erledigt das der Herr. Und zwar so wie es im Psalm steht. Aktuell grassiert der Coronavirus quer über den Globus.

Im Psalm wurde das Gebet erhört, die Stimme des Flehens um Hilfe ist beim lieben Gott angekommen. Dafür bedankt sich der betende David reichlich auch mit Liedern die voll des Lobes über ihn sind. Bedanken solltest Du Dich schon, wenn Dir der Herr seine Unterstützung und Fürsorge gezeigt hat. Das versteht sich von selbst. Bloß danken wir ihm auch regelmäßig? Jeder muss sich da an die eigene Nasenspitze fassen und sich sein Urteil über sich selbst bilden.

Bei mir ist es einfach so, dass ich ein schlechtes Gewissen entwickle, wenn mir die Dankesworte, das Dankesgebet, noch nicht über die Lippen gekommen ist. Spätestens dann bedanke ich mich rasch. Ich tue es, weil ich weiß wie wichtig das ist. Auch mit dem Herrn finde ich, ist es ein Geben und Nehmen. Natürlich etwas anders als unter uns Menschen aber im übertragenen Sinne doch schon. Wie heißt es doch gleich im Psalm? „Der Herr ist meine Stärke und mein Schild; auf ihn hofft mein Herz, und mir ist geholfen."

Also: Das Dankesgebet das nächste Mal nicht vergessen!

PSALM 31 - GEBORGENHEIT

Herr, auf Dich traue ich, lass mich nimmermehr zu Schanden werden; errette mich durch Deine Gerechtigkeit!

Neige Deine Ohren zu mir, eilend hilf' mir! Sei mir ein starker Fels und eine Burg, daß Du mir helfest!

Denn Du bist mein Fels und meine Burg, und um Deines Namens willen wolltest Du mich leiten und führen.

Du wolltest mich aus dem Netze ziehen, das sie mir gestellt haben; denn Du bist meine Stärke.

In Deine Hände befehle ich meinen Geist; du hast mich erlöst, Herr, du treuer Gott!

Ich hasse, die da halten auf eitle Götzen verehren; ich aber hoffe auf den Herrn.

Ich freue mich und bin fröhlich über Deine Güte, daß Du mein Elend ansiehst, und erkennst meine Seele in der Not

und übergibst mich nicht in die Hände des Feindes; Du stellst meine Füße auf weiten Raum.

Herr, sei mir gnädig, denn mir ist angst; meine Gestalt ist verfallen vor Trauern, dazu meine Seele und mein Leib.

Denn mein Leben hat abgenommen vor Betrübnis und meine Zeit vor Seufzen; meine Kraft ist verfallen vor meiner Missetat, und meine Gebeine sind verschmachtet.

Es geht mir so übel, daß ich bin eine große Schmach geworden meinen Nachbarn und eine Scheu meinen Verwandten; die mich sehen auf der Gasse, fliehen vor mir.

Mein ist vergessen im Herzen wie eines Toten; ich bin geworden wie ein zerbrochenes Gefäß.

Denn ich höre, wie mich viele schelten, Schrecken ist um und um; sie ratschlagen miteinander über mich und denken, mir das Leben zu nehmen.

Ich aber, Herr, hoffe auf Dich und spreche: Du bist mein Gott!

Meine Zeit steht in Deinen Händen. Errette mich von der Hand meiner Feinde und von denen, die mich verfolgen.

Lass leuchten Dein Antlitz über deinem Knecht; hilf mir durch Deine Güte!

Herr, lass mich nicht zu Schanden werden; denn ich rufe dich an. Die Gottlosen müssen zu Schanden werden und schweigen in der Hölle.

Verstummen müssen falsche Mäuler, die da reden wider den Gerechten frech, stolz und höhnisch.

Wie groß ist Deine Güte, die Du verborgen hast für die, so Dich fürchten, und erzeigest vor den Leuten denen, die auf Dich trauen.

Du verbirgst sie heimlich bei Dir vor jedermanns Trotz; Du verdeckst sie in der Hütte vor den zänkischen Zungen.

Gelobt sei der Herr, daß er hat eine wunderbare Güte mir bewiesen in einer festen Stadt.

Denn ich sprach in meinem Zagen: »Ich bin von Deinen Augen« Dennoch hörtest Du meines Flehens Stimme, da ich zu Dir schrie.

Liebt den Herrn, alle seine Heiligen! Die Gläubigen, behütet der Herr und vergilt reichlich dem, der Hochmut übt.

Seid getrost und unverzagt, alle, die ihr des Herrn harret!

Martin Luther

Psalm 31 - Neufassung

Zu Dir kann ich flüchten. Lass mich niemals Schaden nehmen. Bitte rette mich durch Deine Gerechtigkeit.

Höre mir zu. Und bitte: Rette mich schnell. An Dich kann ich mich anlehnen, denn Du bist mein Fels in der Brandung und meine feste Burg. Hinter diesen Mauern fühle ich mich sicher.

Du bist mein Beschützer. Bitte führe mich durch mein Leben und leite mich an, damit ich den richtigen Weg einschlagen kann.

Bitte befreie mich aus allen Fallen, die meine Gegner mir gestellt haben. Manchmal fühle ich mich wie ein Fisch, der in einem Netz gefangen ist. Auch aus diesem Netz kannst Du mich befreien. Das weiß ich, denn Du gibst mir Geborgenheit.

Herr, Du bist mein treuer Gott. Du befreist mich von meinen Sorgen. Gerne begebe ich mich in Deine schützenden Hände.

Ich hasse alle, die das Falsche verehren. Ich vertraue nur auf Dich.

Ich könnte schreien vor Glück, denn Du zeigst mir Dein Gnade und Liebe. Mein Elend hast Du gesehen, meine kranke Seele hast Du versorgt.

Doch niemals hast Du mich versetzt oder sogar meinen Feinden ausgeliefert. Du gabst mir Freiraum und machtest mir Platz für ein Leben im Glauben.

Ich habe Angst. Kummer und Sorgen haben mir an Leib und Seele geschadet. Mein Augenlicht ist schwach geworden.

Jahre voller Sorgen haben mir die Kraft zum Leben genommen. Das ist meine Schuld, die ich auf mich geladen habe.

Mit meinen Nachbarn habe ich Streit. Meine Feinde spotten über mich. Menschen, die mich kennen weichen mir aus. Sie wechseln die Straßenseite, wenn sie mir unterwegs begegnen.

Mich haben alle vergessen, keiner denk mehr an mich. Gerade so als wäre ich schon gestorben. Sieh mich an: Ich bin wie ein zerschmettertes Glas, in das nichts mehr eingegossen werden kann.

Viele Menschen haben mich verleumdet. Sie sprachen heimlich über mich. Ich fühlte mich dabei, als wollten sie mich umbringen. Es war so schrecklich für mich.

Doch einen habe ich, dem ich vertrauen kann. Und das bist Du, o Herr. Ich sage zu Dir: Du bist mein Gott.

Du rettest mich aus den Fängen meiner Verfolger. Reiße mich aus ihrer Umklammerung. Du kennst meine Zeit. Sie steht in Deiner Hand.

Zeig Dich und lass Dein Gesicht erscheinen. Bitte rette mich durch Deine Gnade und Güte.

Herr, lass mich keinen Schaden nehmen. Ich rufe Dich an! Die, die nicht glauben, die sollen leiden und am Ende verstummen im Reich der Toten. Das gilt auch für alle, die anderen Übles tun.

Wer lügt, soll zum Schweigen gebracht werden. Und wer frech gegen andere redet oder sie mit Arroganz und Verachtung behandelt, soll auch leise sein und den Mund schließen.

Du bist so gütig und großzügig zu allen, die an Dich glauben. Das hast Du bisher immer gezeigt, wenn Menschen bei Dir Geborgenheit gesucht haben.

Hinter Dir versteckst Du sie vor Anfeindungen und Verschwörungen. In Dein Haus dringt keine üble

Nachrede von Menschen, die mit gespaltener Zunge reden.

O mein Herr – ich lobe Dich für Deine Hilfe und Gnade. Du hast sie mir in Deinem Schutz gezeigt.

Ich schrie Dich an, dass ich mich verstoßen fühlte vor Dir. Doch Du hörtest mein Rufen und nahmst mich in Schutz.

Ich fordere Euch alle auf: Liebt den Herrn! Er behütet und beschützt alle, die ihm treu folgen. Für Hochmütige hat er ganz andere Möglichkeiten.

Ich sage Euch: Bleibt stark und mutig. Der Herr kommt zu Euch, wenn Ihr ihn erwartet.

Psalm 31 - Auslegung

Dir geht es schlecht. Deine Feinde und Gegner sind stark. Du fühlst Dich gefangen wie ein Fisch im Netz und siehst kaum einen Ausweg.

Doch es gibt einen Weg aus der Misere. Es existiert jemanden, der Dir zuhört. Der Dein Leid zu Kenntnis nimmt und Dir helfen will. Wenn Du an ihn glaubst und nicht zu denen, wie es im Psalm heißt, Gottlosen gehörst. Bei allem Leid ist es der Herr, der Dir immer zugehört hat. Der Dich rettet aus den Fängen des Bösen und Dir Schutz und eine Zuflucht bietet. Die starken Worte „Fels" und „feste Burg" werden genannt. Genau das ist es, was Du in jeder Notsituation brauchst. Etwas zum Anlehnen und Schutz vor allem Bösen. Der Herr gibt sogar Freiraum genug zur weiteren Entwicklung. Deine Füße werden in einen freien Raum gestellt. So kannst Du sie wieder bewegen, vorankommen und Dich aufmachen in eine positive Zukunft.

Das alles funktioniert sogar, wenn Du Dich fühlst wie „Flasche leer" um es mit den Worten eines Sporttrainers zu sagen. Auch dann, wenn alle über Dich lästern, Dich anzicken und mobben, auch dann hilft Dir der Herr und Du Dir selbst mit Deinem Gebet.

Du lobst den Herrn, denn er hat es in der Vergangenheit immer bewiesen, dass er hilft und unterstützt. Der Psalm weist aber alle schlechten und ungläubigen Menschen darauf hin, dass es nicht gut um sie bestellt ist. Beispielsweise heißt es, dass der Herr es den Hochmütigen (Arroganten) reichlich vergilt. Damit ist sicherlich „vergeben", sondern dahinter ist eine Art von Bestrafung oder eher ungünstige Ereignisse gemeint.

Wenn alles und alle gegen Dich sind, dann sei dem Herrn treu und bitte klar und deutlich um Beistand. Der Herr wird Dir helfen und Dich beschützen.

Er ist es, der Dir Geborgenheit geben kann. Und die braucht jeder Mensch.

PSALM 38 - KRANKHEIT

Herr, strafe mich nicht in Deinem Zorn und züchtige mich nicht in Deinem Grimm!

Denn Deine Pfeile stecken in mir, und Deine Hand drückt mich.

Es ist nichts Gesundes an meinem Leibe vor Deinem Drohen und ist kein Frieden in meinen Gebeinen vor meiner Sünde.

Denn meine Sünden gehen über mein Haupt; wie eine schwere Last sind sie mir zu schwer geworden.

Meine Wunden stinken und eitern vor meiner Torheit.

Ich gehe krumm und sehr gebückt; den ganzen Tag gehe ich traurig.

Denn meine Lenden verdorren ganz, und ist nichts Gesundes an meinem Leibe.

Es ist mit mir gar anders denn zuvor, und bin sehr zerstoßen. Ich heule vor Unruhe meines Herzens.

Herr, vor Dir ist all meine Begierde, und mein Seufzen ist dir nicht verborgen.

Mein Herz bebt, meine Kraft hat mich verlassen, und das Licht meiner Augen ist nicht bei mir.

Meine Lieben und Freunde treten zurück und scheuen meine Plage, und meine Nächsten stehen ferne.

Und die mir nach dem Leben trachten, stellen mir nach; und die mir übelwollen, reden, wie sie Schaden tun wollen, und gehen mit eitel Listen um.

Ich aber muss sein wie ein Tauber und nicht hören, und wie ein Stummer, der seinen Mund nicht auftut,

und muss sein wie einer, der nicht hört und der keine Widerrede in seinem Munde hat.

Aber ich harr, Herr, auf Dich; Du Herr, mein Gott, wirst erhören.

Denn ich denke: Daß sie sich ja nicht über mich freuen! Wenn mein Fuß wankte, würden sie sich hoch rühmen wider mich.

Denn ich zu Leiden gemacht, und mein Schmerz ist immer vor mir.

Denn ich zeige meine Missetat an und sorge wegen meiner Sünde.

Aber meine Feinde leben und sind mächtig; die mich unbillig hassen, derer ist viel.

Und die mir Arges tun um Gutes, setzen sich wider mich, darum daß ich ob dem Guten halte.

Verlass mich nicht, Herr! Mein Gott, sei nicht ferne von mir!

23 Eile mir beizustehen, Herr, meine Hilfe!

Martin Luther

Psalm 38 - Neufassung

Herr, Du bist wütend auf mich. Ich habe Fehler gemacht. Doch bitte bestrafe mich nicht. Bitte sei nicht zornig zu mir.

Wie spitze Pfeile hat es mich getroffen. Wie ein schweres Gewicht erdrückt mich Deine Hand.

Mein Körper schmerzt und ist krank wegen Deinem Zorn. Meine Sünden haben meine Knochen fast zerschmettert.

Alles wächst mir über den Kopf. Meine Sünden sind zu einer schweren Last geworden, die ich kaum noch tragen kann.

Weil ich dumm war, verschlechtert sich meine Situation immer mehr. Meine Verletzungen nehmen einen schlimmen Verlauf.

Ich fühle mich niedergeschlagen und gehe mit krummen Rücken. Den ganzen Tag lang laufe ich traurig umher. Ich weiß nicht mehr ein noch aus.

Mein Körper scheint entzündet. Nirgends fühle ich mich gesund. Überall habe ich gesundheitliche Probleme.

Ich habe keine Kraft mehr, fühle mich völlig zerschlagen. Vor lauter Qual in meinem Herzen schreie ich laut.

Herr, alles was ich will, weißt Du. Mein Jammern hast Du gehört.

Ich spüre wie mein Herz rast. Ohne Kraft und mit nur noch schwachem Auge stehe ich vor Dir.

Niemand steht mir bei. Nachbarn und Freunde meiden mich wegen meinem Unglück und meiner Probleme.

Die mich zerstören wollen, stellen mir Fallen auf. Die mein Unglück unbedingt steigern wollen, reden bereit davon wie ich untergehe. Über mich verbreiten sie den ganzen Tag alle möglichen Lügen.

Dabei verhalte ich mich wie einer, der nichts hören und reden kann.

Deshalb gebe ich auch keine Widerworte. Ich sage einfach nichts dazu.

Auf Dich Herr warte ich. Ich weiß, dass Du mir antworten wirst. Du bist mein Gott.

Ich sagte: Niemand soll sich darüber freuen, wenn ich stolpere und falle. Meine Feinde sollen sich nicht über mich stellen.

Ja, ich habe immer Schmerzen. Es dauert nicht mehr lange bis ich wirklich stürze und im Staub liege.

Ja, ich bekenne mich schuldig. Wegen meiner Sünden bin ich zutiefst betrübt.

Meine Feinde werden stark und stärker. Es werden immer mehr, sie sind mächtiger als ich. Ohne Grund, nur wegen der vielen Lügen hassen sie mich.

Ich verfolge das Gute im Leben. Meine Gegner reagieren auf das Gute nur mit Bösem.

Herr, verlasse mich nicht. Komm zu mir, bleibe nicht weg.

Bitte eile mir zu Hilfe. Du bist mein Herr und mein Heil.

Psalm 38 - Auslegung

Der ganze Körper ist krank, die Seele auch. Der Psalm, resp. der Betende, führt diese miserablen Umstände auf eine oder mehrere Sünden zurück.

Wer sich im Zentrum eines Unglücks befindet, hat selten Freunde – meistens gar keine mehr. Das kennt jeder, denn nicht umsonst sagt man „Erst in der Not weißt Du, wer zu Deinen Freunden zählt." Das fängt aber schon viel früher an. Es muss sich nicht um ein schweres Unglück oder eine andere Not handeln. Erzähle einmal allen Bekannten, dass Du demnächst umziehen willst und Helfer brauchst. Schnell wirst Du erfahren, was die Angesprochenen alles so für Pläne und Verpflichtungen an genau diesem Tag haben. Deshalb können sie Dir leider nicht helfen.

Nun gut, im Psalm geht es nicht um Umzug, sondern um Sünden und schwere Krankheit. Körperliche Erscheinungen und Beschwerden sind ein „Feuer" im Körper, eine schwere Last, die vermeintlich durch Gottes Hand verursacht wurde sowie das Gefühl von völliger Niedergeschlagenheit. Die schwere Last sind eher die Sünden, die nicht vergessen werden können. Der schlechte Zustand steigert sich soweit, dass der Betende sogar nicht mehr reden und zuhören kann. Trotzdem wird er verstoßen von allen Mitmenschen, trotzdem werden Lügen über ihn verbreitet.

Bei allem Furchtbaren macht er das einzig Richtige: Er wartet. Er wartet auf das Einschreiten seines Herrn, den er gerufen hat. Von ihm erhofft er sich Hilfe und Unterstützung. Er möchte nicht verlassen werden, schon gar nicht auch noch von seinem Herrn.

Der Betende hat seine Sünden bereut. Er bekennt sich schuldig und fordert den Herrn auf, ihm rasch zu Hilfe zu kommen.

Das wird er gewiss. Denn er ist sein Gott und sein Heil.

PSALM 39 – NOT UND VERGÄNGLICHKEIT

Ich habe mir vorgesetzt: Ich will mich hüten, daß ich nicht sündige mit meiner Zunge. Ich will meinen Mund zäumen, weil ich muss den Gottlosen vor mir sehen.

Ich bin verstummt und still und schweige der Freuden und muss mein Leid in mich fressen.

Mein Herz ist entbrannt in meinem Leibe, und wenn ich daran denke, werde ich entzündet; ich rede mit meiner Zunge.

Aber Herr, lehre doch mich, daß es ein Ende mit mir haben muss und mein Leben ein Ziel hat und ich davon muss.

Siehe, meine Tage sind einer Hand breit bei Dir, und mein Leben ist wie nichts vor Dir. Wie gar nichts sind alle Menschen, die doch so sicher leben.

Sie gehen daher wie ein Schemen und machen sich vergebliche Unruhe; sie sammeln, und wissen nicht, wer es einnehmen wird.

Nun Herr, wes soll ich mich trösten? Ich hoffe auf Dich.

Errette mich von aller meiner Sünde und lasse mich nicht den Narren ein Spott werden.

Ich will schweigen und meinen Mund nicht auftun; denn Du hast es getan.

Wende Deine Plage von mir; denn ich bin verschmachtet von der Strafe Deiner Hand.

Wenn Du einen züchtigst um der Sünde willen, so wird seine Schöne verzehrt wie von Motten. Ach wie gar nichts sind doch alle Menschen!

Höre mein Gebet, Herr, und vernimm mein Schreien und schweige nicht über meinen Tränen; denn ich bin Dein Pilgrim und Dein Bürger wie alle meine Väter.

Lasse ab von mir, daß ich mich erquicke, ehe denn ich hinfahre und nicht mehr hier sei.

Martin Luther

Psalm 39 - Neufassung

Ich habe mir vorgenommen auf mein Verhalten zu achten. Und vor allem auch auf das was ich sage, damit ich nicht sündige. Gerade auch dann, wenn ich jemanden vor mir habe, der nicht gläubig ist.

Dann schwieg ich, redete auch nicht mehr über das Gute. Mein Leid fraß ich in mich hinein.

Das machte mich ganz krank. Je länger ich nachdachte, desto schlimmer wurde es. Ich bekam sogar Fieber davon. Dann sagte ich:

Herr, verrate mir, wann mein Ende kommt. Wie viele Tage ich noch zu leben habe. Dann kann ich erkennen wie vergänglich ich bin.

Wenige Tage nur dauert mein Leben. Vor Dir und Deinem Angesicht ist es nur eine ganz kurze Zeit. Ich verstehe, dass jeder Mensch, so gut er auch im Leben steht, vergänglich ist. Das Leben ist so kurz wie ein kleiner Atemhauch.

Als Schatten seiner selbst gehen die Menschen durchs Leben. Sie streiten sich wegen Kleinigkeiten. Sie häufen zahlreiche Besitztümer an. Doch niemand hat die Macht diese am Ende mit ins Grab zu nehmen.

Herr, worauf soll ich nun hoffen? Es bist doch Du allein, auf den ich alle meine Hoffnung setze.

Rette und bewahre mich vor all meinen Sünden. Und lass es nicht zu, dass ich zum Gespött werde.

Ich schweige, kein Wort kommt mehr aus meinem Mund, denn Du hast es getan.

Höre auf mich zu quälen, Deine Bestrafungen sind schlimm für mich.

Wenn Du jemanden wegen Sünden bestrafst, dann vernichtet das sein Aussehen und seine Schönheit. Jeder Mensch gleicht eigentlich einem Nichts – sein Leben ist ein Nichts im Vergleich zum großen Ganzen.

Herr, erhöre mein Gebet und höre mein Schreien! Schweige nicht, wenn ich heule und Du meine Tränen siehst. Ich bin wie ein fremder Pilger bei Dir. Nur ein Gast wie alle vor mir es waren.

Schau mich nicht mehr an. Dann kann ich mich wieder freuen bevor ich sterbe und nicht mehr existiere.

Die Not ist groß. Es wird geschwiegen, Probleme werden in sich hineingefressen. Davon wird man vielleicht sogar krank.

Doch es gibt eine Möglichkeit Probleme zu vermeiden. Nämlich genau dann, wenn Du auf Deinen Weg achtest, den Du einschlägst. Tag für Tag aufs Neue kannst Du alles überdenken, was Du unternehmen möchtest, wie Du mit anderen sprichst, was Du tust. Gerade dann, wenn heftige Auseinandersetzungen drohen, ist es manchmal besser leise zu sein, nichts zu sagen und nicht das Streit-Karussell zu beschleunigen.

Doch alles in sich hinein zu fressen, ist auch keine Lösung. Suche Dir vertrauensvolle Gesprächspartner für den Austausch.

Wenn die Krankheit erst eingetreten ist, dann kommen schnell Fragen auf. "Ist es schlimm?", „Ist es ernst?" und viele mehr. Gerade bei schweren Erkrankungen kommt der Mensch auf die Idee sich zu fragen „wie lange er noch hat", wann sein Leben zu Ende geht. Im Psalm wird sogar der Herr um eine Antwort gebeten. Die blieb selbstverständlich aus. Aber was bleibt, auch nach der Gesundung, ist die Erkenntnis, dass wir Menschen nicht für die Ewigkeit geschaffen sind. Wir sind vergänglich! Das darf sich jeder gerne einmal vor Augen führen. „Das Ende ist nahe", heißt es auf so manchen Veröffentlichungen auf der Titelseite. Ja, das ist wahr, aber kein Grund zur Beunruhigung. Kein

Gesunder weiß wie lange er noch zu leben hat, bei manchen Kranken mögen die Ärzte solche Auskünfte geben. Doch exakt sind die sicherlich meist auch nicht.

Doch bleiben wir beim Normalfall: Endlichkeit ist nun mal gegeben. Dabei frage ich mich an dieser Stelle wirklich, was ich, Du und alle anderen daraus lernen können. Die Anzahl der Tage, Wochen, Monate, Jahre und Minuten ist gezählt. Kommt es deshalb nicht darauf an, was ich, Du, aus Deiner Zeit machst. Bist Du auf dem richtigen Weg oder neigst Du in die andere Richtung? Probleme lösen oder welche schaffen, das ist der Unterschied. Der entscheidende Unterschied, wenn es darum geht, die verbleibende Lebenszeit positiv zu gestalten.

Das betrifft alle Menschen, egal wie gut sie im Leben stehen. Ob sie reich sind oder arm – es spielt keine Rolle. Es hilft nicht sich freizukaufen. Damit meine ich die übermäßige Anschaffung, das Horten von Besitztümern. Das nämlich gibt nur das Gefühl, man könne nichts verlieren, ändert aber nichts an den Tatsachen.

Was bei allem bleibt, ist das Vertrauen auf den Herrn, die Hoffnung auf ihn zu setzen – auch in größter Not.

PSALM 41 – KLAGE EINES KRANKEN ÜBER FEINDE

Wohl dem, der sich des Dürftigen annimmt! Den wird der Herr erretten zur bösen Zeit.

Der Herr wird ihn bewahren und beim Leben erhalten und es ihm lassen wohl gehen auf Erden und wird ihn nicht geben in seiner Feinde Willen.

Der Herr wird ihn erquicken auf seinem Siechenbette; Du hilfst ihm von aller seiner Krankheit.

Ich sprach: Herr, sei mir gnädig, heile meine Seele; denn ich an Dir gesündigt.

Meine Feinde reden Arges wider mich: »Wann wird er sterben und sein Name vergehen?«

Sie kommen, dass sie schauen, und meinen´s doch nicht von Herzen; sondern suchen etwas, das sie lästern mögen, gehen hin und tragen´s aus.

Alle, die mich hassen, raunen miteinander wider mich und denken Böses über mich.

Sie haben ein Bubenstück über mich beschlossen: »Wenn er liegt, soll er nicht wieder aufstehen.«

Auch mein Freund, dem ich vertraute, der mein Brot aß, tritt mich unter die Füße.

Du aber, Herr, sei mir gnädig und hilf mir auf, so will ich sie bezahlen.

Dabei merke ich, daß Du Gefallen an mir hast, daß mein Feind über mich nicht jauchzen wird.

Mich aber erhältst Du um meiner Frömmigkeit willen und stellst mich vor Dein Angesicht ewiglich.

Gelobet sei der Herr, der Gott Israels, von nun an bis in Ewigkeit! Amen, amen!

Martin Luther

Psalm 41 - Neufassung

Gut soll es dem gehen, der sich um den Armen kümmert. In schlechten Zeiten wird ihm der Herr helfen.

Der Herr wird schützen. Er erhält ihn am Leben. Deshalb wird er von allen Glücklicher genannt. Und Herr, Du wirst diesen Menschen nicht seinen Feinden überlassen.

Der Herr wird ihm Kraft geben, wenn er krank im Bett liegt. Auch wird er dafür sorgen, dass es ihm wieder besser geht.

Ich sprach: Herr, bitte sei mir gnädig! Heile meine Seele, denn ich habe gegen dich gesündigt!

Meine Feinde wünschen mir Unglück: »Wann wird er endlich sterben, dass er bald in Vergessenheit gerät?«

Und wenn mich einer besuchen kommt, dann lügt er mich an. Sein Herz ist voller Bosheit. Und dann geht er wieder und verbreitet seine Lügengeschichten überall.

Alle, die mich hassen, tuscheln über mich. Für mich haben sie nur böse Worte übrig. Sie sagen:

»So wie der daliegt, steht er nicht wieder auf! Der schafft es nicht mehr.«

Sogar mein Freund, dem ich zutiefst vertraute, dem ich zu essen gab, riss mir den Boden unter den Füßen weg. Durch ihn hatte ich keinen Halt mehr.

Du aber, Herr, sei mir gnädig. Helfe mir wieder auf die Beine. Dann kann ich es ihnen allen heimzahlen.

So merke ich, dass ich Dir gefalle. Du sorgst dafür, dass mein Feind mich nicht besiegen kann.

Ich bin aufrichtig und fromm. Du lässt mich vor Deinem Angesicht für immer stehen.

Gelobt sei der Herr, der Gott Israels, von Ewigkeit zu Ewigkeit! Amen, Amen!

Psalm 41 - Auslegung

Ein Mensch liegt im Bett, er kann nicht mehr alleine aufstehen. Er ist schwer krank. Alle anderen reden übel über ihn. Sie erwarten eigentlich nur noch, dass er stirbt. Diese Botschaft verbreiten sie überall, so dass immer mehr Menschen über den Kranken falsch informiert sind, auch schlecht über ihn und sein Schicksal sprechen.

Die geballte Macht des schlechten Karmas der Bekannten und Freunde trifft den Kranken. Er kann sich nicht wehren. Sogar sein Freund, dem er vielleicht sogar ernährte, als er selbst nichts einkaufen konnte, ist mit dabei. Alles Frevler, hätte man damals gesagt. Die heutige Vokabel dafür lautet „verlogenes Pack."

Irgendwann ist jeder einmal krank und vielleicht sogar dabei allein. Kennst Du Menschen, denen Du selbst in solch einer Situation geholfen hast, die Du unterstützt hast und ihnen Deine Zeit gabst? Gerade für die, die mitten im beruflichen Alltag überleben müssen, ist es schwer. Aber es geht, ist möglich, kostet allerdings enorme Kraft. Am eigenen Leibe habe ich das verspürt, als ich meine schwerkranke Frau pflegte und neben meinem Vollzeitjob alles drumherum organisieren musste. Bis zur eigenen Erkrankung habe ich dieses Thema durch. Meiner Frau geht es nach all der schweren Zeit wieder gut. Ich bin auch wieder fit. 18 Monate Pflege sind nicht von Pappe. Viele Menschen pflegen ihre Angehörigen. Das ist sogar immer wieder Thema in den Medien.

All diese Helfer machen das, was am Anfang in diesem Psalm geschrieben steht. „Wohl dem, der sich des Dürftigen annimmt! Den wird der Herr erretten zur bösen Zeit. Der Herr wird ihn bewahren und beim Leben erhalten und es ihm lassen wohl gehen auf Erden…"

Der Herr möchte das gerne so, dass Menschen einander beistehen. Doch nicht alle denken auch so. Vielen erscheint es interessanter, besser gesagt, die denken, dass sie selbst interessanter sind, wenn sie lästern, mobben und schlecht reden über Betroffene.

Wer hilft, wenn Du darum bittest? Im Psalm gibt der Herr dem Kranken wieder Kraft. Er kann dann wieder aufstehen und in seinem Bekanntenkreis so einiges wieder „gerade-rücken". Von Vergeltung ist sogar die Rede.

Dem frommen und gläubigen Menschen wird geholfen. Ihn steht der Herr bei.

PSALM 51 – BITTE UM VERGEBUNG

Da der Prophet Nathan zu ihm kam, als er ward zu Bath- Seba eingegangen.

Gott, sei mir gnädig nach Deiner Güte und tilge meine Sünden nach Deiner großen Barmherzigkeit.

Wasche mich wohl von meiner Missetat und reinige mich von meiner Sünde.

Denn ich erkenne meine Missetat, und meine Sünde ist immer vor mir.

An Dir allein habe ich gesündigt und übel vor Dir getan, auf das Du recht behaltest in Deinen Worten und rein bleibest, wenn Du gerichtet wirst.

Siehe, ich bin in sündlichem Wesen geboren, und meine Mutter hat mich in Sünden empfangen.

Siehe, du hast Lust zur Wahrheit, die im Verborgenen liegt; Du lässest mich wissen die heimliche Weisheit.

Entsündige mich mit Ysop, daß ich rein werde; wasche mich, daß ich schneeweiß werde.

Laß mich hören Freude und Wonne, daß die Gebeine fröhlich werden, die Du zerschlagen hast.

Verbirg Dein Antlitz von meinen Sünden und tilge alle meine Missetaten.

Schaffe in mir, Gott, ein reines Herz und gib mir neuen gewissen Geist.

Verwirf mich nicht von Deinem Angesicht und nimm Deinen heiligen Geist nicht von mir.

Tröste mich wieder mit Deiner Hilfe, und mit Deinem freudigen Geist rüste mich aus.

Ich will die Übertreter Deiner Wege lehren, daß sich die Sünder zu Dir bekehren.

Errette mich von den Blutschulden, Gott, der Du mein Gott und Heiland bist, daß meine Zunge Deine Gerechtigkeit rühme.

Herr, tue meine Lippen auf, daß mein Mund Deinen Ruhm verkündige.

Denn Du hast nicht Lust zum Opfer – ich wollte Dir´s sonst wohl geben -, und Brandopfer gefallen Dir nicht.

Die Opfer, die Gott gefallen, sind ein geängsteter Geist; ein geängstet und zerschlagen Herz wirst Du, Gott, nicht verachten.

Tue wohl an Zion nach Deiner Gnade; baue die Mauern zu Jerusalem!

Dann werden Dir gefallen die Opfer der Gerechtigkeit, die Brandopfer und ganzen Opfer; dann wird man Farren auf deinem Altar opfern.

Martin Luther

Psalm 51 - Neufassung

David betete als Prophet Nathan zu ihm kam:

Gott, sei mir gnädig. Du bist gütig und barmherzig. Deshalb bitte ich um Vergebung meiner Sünden.

Nimm mir meine Schuld ab und reinige mich von meiner Sünde.

Ich kenne meine Fehler ganz genau. Meine Sünden habe ich stets vor Augen.

An Dir allein Herr, habe ich gesündigt. Ich habe Böses getan.

Ich bin schuldig geboren. Meine Mutter hat mich in Sünde empfangen.

Du wünschst Dir innere Wahrheit. Bitte lass mich jetzt die Weisheit erkennen, die im Verborgenen liegt.

Nimm meine Sünden von mir mit dem Kraut Ysop. Das heilt und so werde ich rein. Wenn Du mich wäscht, werde ich eine weiße Weste haben. So weiß wie Schnee.

Ich möchte mich freuen und Spaß haben. Das will ich am ganzen Körper spüren. Bisher fühle ich mich völlig zerschlagen.

Verstecke Dein Gesicht vor meinen Sünden. Bitte lösche meine Fehler aus.

Ich bitte Dich um ein reines Herz, ein gutes Gewissen und erstarktes Selbstbewusstsein.

Weise mich nicht ab. Und nimm Deinen heiligen Geist nicht weg von mir.

Gib mir wieder echte Freude an Deiner Güte und verleihe mir mentale Kraft.

Alle denen, die sich von Dir abgewendet haben werde ich Deine Werte lehren. Dann können sie sich als Sünder wieder zu Dir bekehren.

Errette mich von der Blutschuld, Gott, der Du mein Gott und Heiland bist. Über Deine Gerechtigkeit werde ich überall berichten und sie loben.

Herr, öffne meine Lippen, damit mein Mund Dein Lob allen Menschen verkündigen kann.

Schlachtopfer gefallen Dir nicht, Brandopfer lehnst Du auch ab. Wenn das nicht so wäre, würde ich Dir beides geben.

Die Opfer, die Dir gefallen, sind ein zerbrochener Geist. Auch ein zerbrochenes und zerschlagenes Herz wirst nicht verachten.

So wie es Dir gefällt tue Gutes an Zion und baue wieder die Mauern Jerusalems!

Dann werden Dir die Opfer der Gerechtigkeit, Brandopfer und Ganzopfer gefallen und man wird Stieres auf Deinem Altar opfern.

Psalm 51 – Auslegung

Vieles ist schon schief gelaufen im Leben, denn nicht alles läuft immer geradeaus. Vom richtigen Weg kommt man schneller ab, als es einem lieb ist. Der Psalm wird deshalb gebetet, weil Übertretungen, Sünden und Böses getan wurde.

Gott den Herrn kannst Du bitten, alles wieder auf Anfang zu stellen. Du kannst ihn fragen, ob er Deine Fehler nicht für immer auslöschen kann. Du kannst ihn um seine Güte für Dich bitten.

Voraussetzung ist aber, dass Du weißt und verstehst, dass Du etwas Falsches getan hast. Oft lässt einen das schlechte Gewissen ja auch nicht in Ruhe, die „Sünde ist immer vor mir", heißt es im Psalm. Du möchtest Deine Fehler nicht noch einmal machen und so fehlerfrei in diesen Themen Deiner Übertretungen werden und bleiben.

„Siehe, ich bin in sündlichem Wesen geboren", sagt der Psalm und wirft damit eine grundsätzliche Frage auf. Sind wir schon schuldig, wenn wir bei der Geburt unsere Mutter verlassen? Diese Thematik beschäftigt Philosophen schon Jahrzehnte. Man ist sich keinesfalls einig, gerät in Streit. Der Psalm antwortet mit „Ja" auf diese Frage. Mir gefällt es, wenn Du Dir dazu Deine eigenen Gedanken machst. Meine sind schon getan: Ich habe das Thema als nicht lösbar verdrängt und kümmere mich eher um den Alltag und den richtigen

Umgang mit meinen Mitmenschen. Blicke also nach vorne, auch was die Schuldfrage angeht.

Positiv sein, eine „weiße Weste" und viel Selbstbewusstsein zu haben, finde ich sehr wichtig. Mit dem Heilkraut Ysop habe ich es noch nicht versucht, Probleme zu lösen oder mich reinzuwaschen.

Ich übernehme im Gespräch gerne die Rolle meines Gegenübers, denke nach, bevor ich rede. Allein das verhütet ganz viele Schwierigkeiten, macht den Weg durch den Alltag tatsächlich geschmeidig und leicht.

Gott schafft es, zu helfen, zu unterstützen und - das ist besonders wichtig – zu verzeihen. Nachtragend ist der Herr nicht. Und nachtragend sollst Du auch nicht sein.

Wenn Dir Gott geholfen hat, dann kannst Du ihm gerne ein Opfer bringen. Es muss sich nicht gerade um einen Stier handeln. Wie wäre es denn mit einem hübschen Blumenstrauß?

PSALM 69 – HILFERUF

Gott hilf mir, denn das Wasser geht mir bis an die Seele.

Ich versinke in tiefem Schlamm, da kein Grund ist; ich bin in tiefem Wasser, und die Flut will mich ersäufen.

Ich habe mich müde geschrien, mein Hals ist heiser; das Gesicht vergeht mir, daß ich so lange muss harren auf meinen Gott.

Die mich ohne Ursache hassen, derer ist mehr, denn ich Haare auf dem Haupt habe. Die mir unbillig feind sin und mich verderben, sind mächtig. Ich muss bezahlen, was ich nicht geraubt habe.

Gott, Du weißt meine Torheit, und meine Schulden sind Dir nicht verborgen.

Laß nicht zu Schanden werden an mir, die Dein harren, Herr Zebaoth! Laß nicht schamrot werden an mir, die Dich suchen, Gott Israels.

Denn um Deinetwillen trage ich Schmach; mein Angesicht ist voller Schande.

Ich bin fremd geworden meinen Brüdern und unbekannt meiner Mutter Kindern.

Denn der Eifer um Dein Haus hat mich gefressen; und die Schmähungen derer, die Dich schmähen, sind auf mich gefallen.

Und ich weine und faste bitterlich; und man spottet mein dazu.

Ich habe einen Sack angezogen; aber sie treiben Gespött mit mir.

Die im Tor sitzen, schwatzen von mir, und in den Zechen singt man von mir.

Ich aber bete, Herr, zu Dir zur angenehmen Zeit; Gott, durch Deine große Güte erhöre mich mit Deiner treuen Hilfe.

Errette mich aus dem Kot, daß ich nicht versinke; daß ich errettet werden von meinen Hassern und aus dem tiefen Wasser;

daß mich die Wasserflut nicht ersäufe und die Tiefe nicht verschlinge und das Loch der Grube nicht über mir zusammengehe.

Erhöre mich, Herr, denn Deine Güte ist tröstlich; wende Dich zu mir nach Deiner großen Barmherzigkeit

und verbirg Dein Angesicht nicht vor Deinem Knechte, denn mir ist angst; erhöre mich eilend.

Mache Dich zu meiner Seele und erlöse sie; erlöse mich um meiner Feinde willen.

Du weißt meine Schmach, Schande und Scham; meine Widersacher sind alle vor Dir.

Die Schmach bricht mir mein Herz und kränkt mich. Ich warte, ob´s jemand jammere – aber da ist niemand - und auf Tröster – aber ich finde keine.

Und sie gaben mir Galle zu essen und Essig zu trinken in meinem großen Durst.

Ihr Tisch werde vor ihnen zum Strick, zur Vergeltung und zu einer Falle.

Ihre Augen müssen finster werden, daß sie nicht sehen, und ihre Lenden lass immer wanken.

Gieße Deine Ungnade auf sie, und Dein grimmiger Zorn ergreife sie.

Ihre Wohnung müsse wüst werden, und sei niemand, der in ihren Hütten wohne.

Denn sie verfolgen, den Du geschlagen hast, und rühmen, daß Du die Deinen übel schlagest.

Laß sie in eine Sünde über die andere fallen, daß sie nicht kommen zu Deiner Gerechtigkeit.

Tilge sie aus dem Buch der Lebendigen, daß sie mit den Gerechten nicht angeschrieben werden.

Ich aber bin elend, und mir ist wehe. Gott, Deine Hilfe schütze mich.

Ich will den Namen Gottes loben mit einem Lied und will ihn hoch ehren mit Dank.

Das wird dem Herrn besser gefallen denn eine Farre, der Hörner und Klauen hat.

Die Elenden sehen's und freuen sich; und die Gott suchen, denen wird das Herz leben.

Denn der Herr hört die Armen und verachtet seine Gefangenen nicht.

Es lobe ihn Himmel, Erde und Meer und alles, was sich darin regt.

Denn Gott wird Zion helfen und die Städte Juda´s bauen, daß man daselbst wohne und sie besitze.

Und der Same seiner Knechte wird sie ererben, und die seinen Namen lieben, werden darin bleiben.

Martin Luther

Psalm 69 - Neufassung

Lieber Gott rette mich. Das Wasser steht mir bis zum Hals!

Ich stecke in tiefem Schlamm fest, habe keinen festen Boden unter den Füßen. Ich schwimme in Untiefen. Habe keinen Grund und treibe ab. Die Flut kommt und wird mich verschlingen.

Ich schreie so laut ich kann. Davon bin völlig heiser und verliere meine Stimme. Bald kann ich auch nichts mehr sehen. Ich warte auf Dich, denn Du bist mein Gott.

Ich kenne mehr Leute, die mich ohne Grund hassen, als ich Haare auf dem Kopf habe. Und die mich ins Verderben schicken wollen, sind mächtig. Ich soll für das zahlen, was ich überhaupt nicht getan habe.

Gott, Du weißt, dass ich manchmal dumm sein kann. Meine Fehler kennst Du genau.

Alle die auf Dich hoffen, sollen durch mich keinen Schaden erleiden. Herr, Herrscher und Herr der Heerscharen. Die Dich suchen, Du Gott Israels, sollen sich nicht für mich schämen.

Wegen Dir werde ich verspotte und gedemütigt. Die Blamage steht mir ins Gesicht geschrieben.

Wie ein Fremder fühle ich mich vor meinen Brüdern, ja, ich stehe den Söhnen meiner Mutter nicht mehr als Verwandter gegenüber.

Denn der Drang in Dein Haus zu gelangen, hat mir beinahe alle Kraft gekostet. Hohn und Spott gegen Dich habe ich abbekommen. Ich werde wegen Dir diskriminiert.

Als es mir so richtig schlecht ging, habe ich nichts mehr essen können und nur noch geweint. Deshalb wurde ich beschimpft.

Als ich zur Buße einen Sack als Kleidung trug, verspotteten sie mich mit Kinderversen.

Die Wächter am Stadttor reden über mich. In der Gaststätte singen die Trinker zur Musik üble Lieder über mich.

Ich aber bete jetzt zu dir, Herr. Es ist die Zeit der Gnade gekommen. Herr, erhöre mich und sei mir gnädig. Rette mich mit Deiner Treue.

Zieh´ mich aus dem Schlamm, damit ich nicht versinke! Rette mich vor denen, die mich hassen und auch aus den Untiefen des Meeres,

dass mir die Wellen nicht über dem Kopf zusammenschlagen und ich ertrinke. Ziehe mich aus dem Brunnen, damit die Wände nicht über mir zusammenstürzen.

Erhöre mich, Herr, denn Du bist gnädig, kümmere Dich um mich mit Deiner Barmherzigkeit,

und verberge Dein Gesicht nicht vor Deinem Knecht in Not; beeile Dich, errette mich aus meiner Qual.

Stehe mir bei, bleibe nah bei mir und erlöse mich. Errette mich meinen Feinden zum Trotz.

Du kennst die Beschimpfungen, Demütigungen und Spott meiner Feinde. Sie hast Du alle im Blick.

Schmach und Schande haben mir mein Herz gebrochen. Mir geht es schlecht, ich fühle mich elend; ich wartete immer auf Beistand, Trost und Mitleid, aber es kam keiner zu mir.

Stattdessen geben sie mir Galle als Essen und Essig zum Trinken gegen meinen großen Durst.

Zur Falle soll ihnen ihr Tisch werden. Ein Strick soll es ihnen heimzahlen.

Sie sollen ihr Augenlicht verlieren, dass sie nicht mehr sehen können. In ihren Hüften sollen sie unsicher werden, damit sie nur noch wackelig gehen können.

All Deinen Zorn und Deine Ungnade gieße über ihnen aus!

Ihre Wohnungen, Häuser und Zelte sollen verwüstet werden, so dass niemand mehr in diesen wohnen kann.

Denn sie verfolgen den, den Du geschlagen hast. Sie reden über die Schmerzen , die Du denen zugefügt hast.

Berechne ihnen alle Verfehlungen. Sie sind mehrfach schuldig und sollen niemals Deine Gerechtigkeit erlangen!

Radiere sie aus dem Buch des Lebens; sie sollen darin nicht zusammen stehen sein mit denen, die sich richtig verhalten haben.

Mir geht es schlecht, ich habe Schmerzen; Gott, mit Deiner Hilfe rettest Du mich.

Ich will den Namen Gottes loben und ihm ein Lied singen. Ich werde ihn mit Dank hoch leben lassen und ehren.

Das wird dem Herrn besser gefallen als ein Stier, der Hörner und Klauen hat.

Wenn das die Armen und alle, denen es schlecht geht sehen, freuen sie sich. Die ihren Gott suchen, denen wird das Herz aufgehen.

Denn der Herr hört auch die Armen. Er verachtet seine Gefangenen nicht.

Himmel und Erde sollen ihn loben, die Meere und alles, was sich in ihnen regt auch!

Denn Gott wird Zion helfen und die Städte Judas bauen. Dort wird man wohnen können und das Land besitzen;

Die Nachfahren seiner Knechte werden es erben, und die seinen Namen lieben, werden darin wohnen bleiben.

Psalm 69 - Auslegung

Endzeitstimmung, höchste Lebensgefahr, der persönlich Untergang droht.

Hast Du Dich schon einmal so gefühlt, als würde alles über Dir zusammenbrechen. So als hättest Du keinen Boden mehr unter den Füßen, völlig verzweifelt?

Hier im Psalm werden starke Worte verwendet. Versacken im Sumpf, ertrinken durch die Wellen der Flut und auch verschüttet werden in einer Grube oder einem Brunnen. Das ist Notstand pur.

Und Du weinst Dir die Augen aus, bist heiser von Deinen Hilferufen, aber keiner kommt. Alle sind gegen Dich. Ja, dieses Gefühl kann schon gelegentlich aufkommen, wenn man tatsächlich keine Freunde mehr hat und scheinbar vergebens auf die Hilfe Gottes wartet.

Ungerechtigkeit wird hier auch angesprochen: Alle Welt verspottet und verhöhnt den Betenden zu Unrecht. Und dann muss man auch noch für das bezahlen, was man überhaupt nichts verbrochen hat.

Völlig auf sich allein gestellt, richtet man sich an Gott, ruft ihn um Hilfe. Oftmals ist er auch der einzige, der bei großen Nöten weiterhelfen und retten kann. Denn er kennt alle Deine Fehler, er weiß Bescheid.

Er kümmert sich, wenn er um Hilfe gerufen wird. Alle anderen werden zu Fremden, die nur noch Hohn und Spott für einen übrig haben. Auch die Verwandten und sogar die Geschwister. Völlig sachliche und nüchterne Beispiele dafür ergeben sich täglich bei Erbschaftsstreitigkeiten in Familien weltweit. Geht es Dir schlecht, wirst Du auch noch für Dein Jammern von den anderen verhöhnt. Kein Wunder, dass man dann auch Rachegedanken kommt. Im Psalm werden diese auch geäußert. Aber keinesfalls wird deren Vollzug erwähnt. Diese Gedanken (Fallen stellen etc.) sind nur Ausdruck für das Ausmaß der Hilfslosigkeit, in der Menschen manchmal stecken können. Wer mit zerbrochenem Herz durchs Leben gehen soll, der kann nicht mehr viel Gutes empfinden. Doch der Kontakt zu Gott wird gesucht und gefunden. Zur Belohnung bekommt er auch ein Dankeslied angeboten, das ihn ehren und erheben soll.

Das Gebet in dieser großen Not schafft es, dass wieder Hoffnung für die Zukunft aufkeimt. Nicht umsonst entstehen die Gedanken, dass ein Lied dem Herrn besser gefallen werde als ein geopferter Stier.

Dass durch Beten Hoffnung entsteht, wirst Du sicherlich auch schon einmal erlebt haben. Mir jedenfalls ist es schon oft so ergangen. Mir stand dabei das Wasser zwar nicht bis zum Hals. Aber Notfälle gehören zum Leben dazu. Ich finde, das Gebet um Hilfe muss nicht erst auf den letzten Drücker erfolgen, kurz bevor es zu spät ist, sondern viel früher.

Der regelmäßige Kontakt zu Gott, das regelmäßige und innige Beten gehört für mich einfach dazu. Dass da auch manchmal ein kleiner Hilferuf dabei ist, ist für mich normal.

PSALM 71 – HILFE BIS INS HOHE ALTER

Herr, ich traue auf Dich; laß mich nimmermehr zu Schanden werden.

Errette mich durch deine Gerechtigkeit und hilf mir aus; neige Deine Ohren zu mir und hilf mir!

Sei mir ein starker Hort, dahin ich immer fliehen möge, der Du zugesagt hast mir zu helfen; denn Du bist mein Fels und meine Burg.

Mein Gott, hilf mir aus der Hand des Gottlosen, aus der Hand der Ungerechten und Tyrannen.

Denn Du bist meine Zuversicht, Herr, meine Hoffnung von meiner Jugend an.

Auf Dich habe ich mich verlassen von Mutterleibe an; Du hast mich aus meiner Mutter Leibe gezogen. Mein Ruhm ist immer von Dir.

Ich bin vor vielen wie ein Wunder; aber Du bist meine starke Zuversicht.

Lass meinen Mund Deines Ruhmes und Deines Preises voll sein täglich.

Verwirf mich nicht in meinem Alter; verlaß mich nicht, wenn ich schwach werde.

Denn meine Feinde reden wider mich, und die auf meine Seele lauern, beraten sich miteinander

und sprechen: »Gott hat ihn verlassen; jaget nach und ergreifet ihn, denn da ist kein Erretter.«

O Gott, sei nicht ferne von mir; mein Gott, eile, mir zu helfen!

Schämen müssen sich und umkommen, die meiner Seele zuwider sind; mit Schande und Hohn müssen sie überschüttet werden, die mein Unglück suchen.

Ich aber will immer harren und will immer Deines Ruhmes mehr machen.

Mein Mund soll verkündigen Deine Gerechtigkeit, täglich Deine Wohltaten, die ich nicht alle zählen kann.

Ich gehe einher in der Kraft des Herrn; ich preise Deine Gerechtigkeit allein.

Gott, Du hast mich von Jugend auf gelehrt, und bis hierher verkündige ich Deine Wunder.

Auch verlaß mich nicht, Gott, wenn ich grau werde, bis ich Deinen Arm verkündige Kindeskindern und Deine Kraft allen, die noch kommen sollen.

Gott, Deine Gerechtigkeit ist hoch, der Du große Dinge tust. Gott, wer ist dir gleich?

Denn Du lässest mich erfahren viele und große Angst und machst mich wieder lebendig und holst mich wieder aus der Tiefe der Erde herauf.

Du machst mich sehr groß und tröstest mich wieder.

So danke ich auch Dir mit Psalterspiel für Deine Treue, mein Gott; ich lobsinge Dir auf der Harfe, Du Heiliger in Israel.

Meine Lippen und meine Seele, die Du erlöst hast, sind fröhlich und lobsingen Dir.

Auch dichtet meine Zunge täglich von deiner Gerechtigkeit; denn schämen müssen sich und zu Schanden werden, die mein Unglück suchen.

Martin Luther

Psalm 71 – Neufassung

Herr, ich vertraue Dir. Ich verlasse mich auf Dich. Bitte lass mich nie mehr bloßgestellt werden.

Du bist gerecht: Helfe mir und stehe mir bei. Bitte höre mir zu, wenn ich mich an Dich wende.

Ich wünsche mir, dass Du meine Heimat und mein Zuhause bist, in das ich mich immer flüchten kann. Denn Du hast mir versprochen mir zu helfen. Du bist mein Fels und meine Burg.

Mein Gott, hilf mir aus dem Zugriff des Gottlosen, aus der Gewalt der Ungerechten und Tyrannen.

Denn Du bist meine Zuversicht, Herr, meine Hoffnung schon von Kindesbeinen an.

Auf Dich habe ich mich seit meiner Geburt verlassen; Du hast mich aus dem Leib meiner Mutter geholt. Ich werde Dich immer loben und allen Gutes über Dich erzählen.

Viele Menschen halten mich für komisch und sonderbar; aber in Deine Arme kann ich mich flüchten.

Tag für Tag wird Dich mein Mund loben, ich werde von Deinen Taten und Deinem Glanz erzählen.

Gib mich nicht auf bloß, weil ich alt werde. Und verlasse mich nicht, verlass mich nicht, wenn ich schwach werde.

Denn meine Feinde reden schlecht über mich, und die auf mein Ende warten, beraten sich miteinander

und sprechen: »Gott hat ihn verlassen; verfolgt ihn, setzt ihn fest, denn da ist keiner, der ihm hilft.«

Gott, bleib nicht fort von mir; mein Gott, eile mir zu Hilfe. Schnell!

Alle, die sich gegen mich richten, sollen sich schämen und umkommen. Schmach und Schande soll über diejenigen kommen, die nur mein Unglück suchen.

Ich aber werde ständig warten und Dich dabei immer stärker loben.

Von Deiner Gerechtigkeit werde ich reden. Und jeden Tag von Deinen guten Taten. Davon gibt es so viele, dass ich sie gar nicht zählen kann.

All das schaffe ich mit der Kraft des Herrn; ich lobe und preise Deine Gerechtigkeit allein.

Gott, Du hast mich von Jugend auf unterrichtet. Bis heute verkündige ich Deine Wunder.

Bitte verlass mich nicht, Gott, wenn ich alt und grau werde! Meinen Nachfahren will ich noch von Deiner Kraft und Deinem Glanz berichten. Ja, Dein Arm ist mächtig.

Gott, Deine Gerechtigkeit geht hoch bis zum Himmel. Du hast große Dinge geschafft. Gott, wer ist schon wie Du?

Du hast mich große Angst erleben lassen. Doch Du machst mich wieder lebendig und holst mich wieder aus der Tiefe der Erde herauf.

Du machst mich sehr groß und tröstest mich wieder.

So danke ich auch Dir mit Musik für Deine Treue. Ich lobe Dich mit meinem Spiel auf der Harfe. Du bist mein Gott.

Meine Lippen und meine Seele, die Du erlöst hast, sind fröhlich und singen Dir zu Ehren.

Täglich rede ich von Deiner Gerechtigkeit. Alle, die mein Unglück suchen sollen vor Scham rot werden und scheitern.

Psalm 71 - Auslegung

Das Alter kommt von ganz allein. Jeden Tag ein Stück. Wenn Du von klein auf christlich erzogen bist, dann wünscht Du Dir gerade im fortgeschrittenen Alter die Anwesenheit Gottes in Deiner letzten Lebensphase.

Wenn ich zurückdenke, mich erinnere an die Zeit in der Sonntagsschule und „meinen" Pfarrer, dann wundere ich mich sehr. Nach mittlerweile beinahe 50 Jahren ist mir noch derartig Viele präsent, dass ich annehmen muss, es ist prägend für mich gewesen. Rückblickend, und gerade bei diesem Psalm, verstehe ich den Wunsch auf Unterstützung und Hilfe durch den Herrn bis zum Schluss. Das genau ist es, was auch ihn erhoffe. Oft gab es Debatten um Glauben, ob es Gott überhaupt gibt. Ich habe dabei zwar nicht mit Harfenspiel reagiert, aber verteidigt habe ich ihn immer. Und immer mehr, je größer die Zweifel bei meinen Gegenübern war. Nun lässt der Psalm kein gutes Haar an den „Feinden" und wünscht ihnen „zu Schanden" zu werden. Ich vermute mal, wir können dieses Gebaren auf die Zeit schieben, in der dieser Psalm niedergeschrieben oder auch zuerst gebetet wurde. Doch Stopp: Glaubenskriege kennzeichnen auch unsere moderne Zeit. Das will ich nur zu bedenken geben, aber mich nicht weiter darüber auslassen.

Vertrauen und Hoffnung gibt der Herr, auch wenn ich alt und grau geworden bin. Auch dann hört er mir zu und unterstützt mich. Er schützt mich wie eine

Trutzburg mit dicken Mauern. Wenn ich in Schwierigkeiten geraten bin, wende ich mich an ihn. Jetzt und besonders früher in meiner Jugend. Vielleicht kennst auch Du die Hilfegebete. Und? Waren sie wirksam? Um das zu beurteilen benötige ich keine Mystery-Sendung im Fernsehen. Ja, sie waren wirksam. Ich kann mich tatsächlich an keinen einzigen Sachverhalt erinnern, bei dem mir nicht geholfen wurde. Für mich ist der Herr einfach der „Fels in der Brandung." Dennoch habe ich viel gelitten und manchmal furchtbare Angst gehabt. Doch diese zu bewältigen, besser, die Bewältigung in Krisenzeiten zu erlernen, scheint auch zum Plan Gottes zu gehören. Daran bin ich jedenfalls gewachsen und immer wieder gestärkt herausgekommen.

Trost und Beistand findest Du bei Gott. Auch wenn sonst keiner da ist, wie es in einem anderen Psalm vorkommt. Wenn dann noch der Glaube an das Leben nach dem Tod vorhanden ist, dann ist plötzlich die große Angst vorüber: „...und machst mich wieder lebendig und holst mich wieder aus der Tiefe der Erde herauf", heißt es am Ende des Gebets.

Hilfe, Trost, Heimat und Beistand sind in der Not und am Ende des Lebens immer von großer Bedeutung. Wichtig aber sind diese Dinge das gesamte Leben lang. Von Gott dies zu erhoffen, erbeten oder zu verlangen ist das eine, das andere aber erscheint mir genauso wichtig. Wenn Du kannst, dann helfe anderen, stehe ihnen in der Not bei und gebe ihnen das gefühlte Zuhause, was sie gerade brauchen. Damit machst Du jedes Mal unsere Welt ein bisschen schöner. Stimmt´s?

PSALM 86 – GEBET IN GROßER BEDRÄNGNIS

Herr, neige Deine Ohren und erhöre mich; denn ich bin elend und arm.

Bewahre meine Seele; denn ich bin heilig. Hilf Du, mein Gott, Deinem Knechte, der sich verläßt auf Dich.

Herr, sei mir gnädig; denn ich rufe täglich zu Dir!

Erfreue die Seele Deines Knechts; denn nach Dir, Herr, verlangt mich.

Denn Du, Herr, bist gut und gnädig, von großer Güte allen, die Dich anrufen.

Vernimm, Herr, mein Gebet und merke auf die Stimme meines Flehens.

In der Not rufe ich Dich an, Du wolltest mich erhören.

Herr, es ist Dir keiner gleich unter den Göttern, und ist niemand, der tun kann wie Du.

Alle Heiden, die Du gemacht hast, werden kommen und vor Dir anbeten, Herr, und Deinem Namen ehren,

daß Du so groß bist und Wunder tust und allein Gott bist.

Weise mir, Herr, Deinen Weg, daß ich wandle in Deiner Wahrheit; erhalte mein Herz bei dem einen, daß ich Deinen Namen fürchte.

Ich danke Dir, Herr, Mein Gott, von ganzem Herzen und ehre Deinen Namen ewiglich.

Denn Deine Güte ist groß über mich; Du hast meine Seele errettet aus der tiefen Hölle.

Gott, es setzen sich die Stolzen wider mich, und der Haufe der Gewalttätigen steht mir nach meiner Seele, und haben Dich nicht vor Augen.

Du aber, Herr, Gott, bist barmherzig und gnädig, geduldig und von großer Güte und Treue.

Wende Dich zu mir, sei mir gnädig; stärke Deinen Knecht mit Deiner Kraft und hilf dem Sohn Deiner Magd!

Tu ein Zeichen an mir, daß mir´s wohl gehe, daß es sehen, die mich hassen, und sich schämen müssen, daß Du mir beistehst, Herr, und tröstest mich.

Martin Luther

Psalm 86 - Neufassung

Wende Dich mir zu, Herr, und antworte mir. Ich bin arm und mir geht es schlecht.

Schütze mich, ich gehöre zu Dir. Hilf mir Gott, Ich bin Dein der sich auf Dich verlässt!

Herr, sei mir gnädig, denn ich rufe den ganzen Tag nach Dir.

Mach mir diese Freude, denn mich drängt es zu Dir.

Denn Du, Herr, bist gut und bereit zur Vergebung. Du bist gütig zu allen, die Dich rufen.

Höre mein Gebet! Hörst Du wie ich Dich anflehe?

Am Tag meiner großen Not rufe ich Dich an, denn ich weiß, dass Du mir antwortest.

Herr, kein einziger Gott ist so wie Du. Und es gibt niemanden, der Deinen Taten erreichen kann.

Alle Völker, die Du hervorgebracht hast, werden kommen, Dich anbeten und Deinen Namen ehren,

denn Du bist groß und tust wahre Wunder. Du bist Gott, nur Du allein!

Zeige mir Deinen Weg, den ich dann in Deiner Wahrheit gehen kann. Richte mein Herz darauf, dass ich Deinen Namen verehre.

Ich danke Dir, Herr, mein Gott, von ganzem Herzen. Deinen Namen werde ich für immer ehren.

Deine Liebe zu mir ist groß. Du hast meine Seele aus der Hölle gerissen.

Stolze Menschen stellten sich gegen mich. Eine Meute von Gewalttätigen trachtete mir nach dem Leben. Diese Leute haben Dich nicht im Blick. Sie sehen Dich überhaupt nicht.

Aber Du, Herr, Du bist barmherzig und gnädig, mein geduldiger Gott voller Güte und Treue.

Wende mir zu und sei mir gnädig. Gib Deinem Knecht Deine Stärke, und rette den Sohn Deiner Magd!

Erschaffe ein Zeichen des Guten an mir. Die mich hassen sollen es sehen und sich schämen, weil Du mir geholfen hast. Du hast mich getröstet.

Psalm 86 - Auslegung

Auch wenn es Dir ganz schlecht geht, Du Dich in großer Not befindest und keinen Pfennig mehr in der Tasche hast: Der Herr wird Dir beistehen.

Mehr noch: Er wird Dir zuhören, Dich auf den rechten Weg leiten und dafür sorgen, dass es Dir besser gehen wird. Am Ende des Psalms schämen sich die Hasser, als sie erkennen, dass Gott geholfen hat.

David, der Betende, ruft täglich zum Herrn. Es verlangt ihm nach Gott, er fühlt sich über allen Maßen zu ihm hingezogen. Er erhofft sich Unterstützung in seiner Notlage, weil er weiß, dass der Herr allen, die ihn anrufen große Güte entgegenbringt. Ich interpretiere die Vokabel „Güte" gerne mal als Warmherzigkeit und Verständnis. Gott, so sieht es David, ist enorm empathisch, er vermag es, sich in andere einzufühlen und wie sie zu denken. Deshalb, genau deshalb kann er uns Menschen auch auf den richtigen Weg führen und uns leiten. Salopp gesagt, weil er weiß wie wir ticken.

Wenn Du weißt, dass Dich jemand sehr gut verstehen kann, Deine Lage (er)kennt, dann macht es doch Sinn, sich in dessen Hände zu begeben.

Das hat sich damals sehr wohl herumgesprochen. David meint, dass alle Völker Gott anbeten werden und seinen Namen ehren werden. Wenn wir den Gottbegriff weit fassen, dann lag David mit seiner Prognose völlig richtig. Keine der bestehenden Glaubensrichtungen, das ist meine feste persönliche Überzeugung, meint einen anderen Gott als Du und ich und auch damals David. Auch hier sind wir wieder bei einem Thema angelangt, dass weit über dieses Büchlein hinausführen würde. Deshalb bremse ich mich hier besser ab.

„Weise mir, Herr, Deinen Weg, daß ich wandle in Deiner Wahrheit; erhalte mein Herz bei dem einen, daß ich Deinen Namen fürchte." Große Worte werden hier bemüht. Dazu sage ich einfach nur: „Ja, ich will!" Ich will auch auf dem Weg der Wahrheit bleiben, wünsche mir vorher jemanden, der mir diesen Weg aufzeigt. Auch ich möchte Gott in mein Herz geschlossen haben (habe ich) und ihn entsprechend verehren. Wir wissen, dass täglich große Taten vollbracht werden. Selbst die übelsten Spötter können niemals das Gegenteil nachweisen, wenn Du sagst „Das hat Gott der Herr getan!" Neulich war ich bei einer Veranstaltung in Bad Kissingen. Eine evangelische Glaubensgemeinschaft hatte eine Versammlung um sich gegenseitig vom Herrn und seinen Taten zu berichten. Ich saß schon nach zwei Minuten völlig fassungslos auf meinen Stuhl, denn ich bekam Unglaubliches zu hören. „Unglaublich" ist übrigens auch so ein komisches Wort. Derartig Bezeichnetes ist gerne auch „kaum zu glauben." Ab der dritten Minute glaubte ich alles, was dort zur Sprache kam. Die Rede war u.a. auch von Krankheitsheilungen durch Gebete. Viele Menschen haben für den kranken Menschen gebetet und es hat geholfen. Die Ärzte waren erst sprachlos (besseres Wort) und dann haben auch sie es geglaubt. Geglaubt, dass Gebete helfen können wo die Humanmedizin versagte. Bei Krebs! Für die Kranke war es schon so wie es im Psalm heißt. „Du hast meine Seele errettet aus der tiefen Hölle."

Der Psalm setzt Barmherzigkeit gegen Arroganz und Stolz, Güte gegen Gewaltbereitschaft und Treue gegen Hass. Ich meine, dass allein dies als Botschaft des Psalms ausreicht. Wenn wir erkennen, dass Gutes gerne auch gelebt werden darf. Wenn Du weißt, dass Du in großer Not und Bedrängnis mindestens einen gibt, an den Du Dich wenden kannst, der Dir beisteht und hilft.

Wenn das kein Trost ist, dann weiß ich auch nicht weiter!

PSALM 88 – GEBET BEI TODESGEFAHR

Herr, Gott, mein Heiland, ich schreie Tag und Nacht vor dir.

Laß mein Gebet vor Dich kommen; neige Deine Ohren zu meinem Geschrei.

Denn meine Seele ist voll Jammers, und mein Leben ist nahe am Tode.

Ich bin geachtet gleich denen, die in die Grube fahren; ich bin ein Mann, der keine Hilfe hat.

Ich liege unter den Toten verlassen wie die Erschlagenen, die im Grabe liegen, denen Du nicht mehr gedenkst und die von Deiner Hand abgesondert sind.

Du hast mich in die Grube hinunter gelegt, in die Finsternis und in die Tiefe.

Dein Grimm drückt mich; Du drängst mich mit all Deinen Fluten.

Meine Freunde hast Du ferne von mir getan; Du hast mich ihnen zum Greuel gemacht. Ich liege gefangen und kann nicht heraus kommen.

Meine Gestalt ist jämmerlich vor Elend. Herr, ich rufe Dich an täglich; ich breite meine Hände aus zu Dir.

Wirst Du denn unter den Toten Wunder tun, oder werden die Verstorbenen aufstehen und Dir danken?

Wird man in Gräbern erzählen Deine Güte, und Deine Treue im Verderben?

Mögen denn Deine Wunder in der Finsternis erkannt werden oder Deine Gerechtigkeit in dem Lande, da man nichts gedenkt?

Aber schreie zu dir, Herr, und mein Gebet kommt frühe vor Dich.

Warum verstößest Du, Herr, meine Seele und verbirgst Dein Antlitz vor mir?

Ich bin elend und ohnmächtig, daß ich so verstoßen bin; ich leide Deine Schrecken, daß ich schier verzage.

Dein Grimm geht über mich; Dein Schrecken drückt mich.

Sie umgeben mich täglich wie Wasser und umringen mich miteinander.

Du machst, daß meine Freunde und Nächsten und meine Verwandten sich ferne von mir halten um solches Elends willen.

Martin Luther

Psalm 88 - Neufassung

Herr, Du kannst mich retten. Ich weine Tag und Nacht. Kannst Du mich hören?

Mein Gebet soll bei Dir ankommen. Bitte öffne Deine Ohren für meine Worte.

Ich bin nur noch ein einziger Jammer und stehe kurz vor dem Tod.

Ich scheine schon zu denen zu gehören, die ins Grab gelegt werden sollen. Ich bin ein Mensch, dem keiner mehr helfen kann.

Verlassen fühle ich mich, als läge ich bereits unter den Toten verlassen wie die Erschlagenen, die schon im Grabe liegen. An die denkst Du nicht mehr, die sind getrennt von Deiner starken Hand.

Du hast mich in die tiefste dunkelste Grube hinunter gelegt.

Dort erdrückst Du mich mit Deinem Zorn, Deine Fluten bedrängen mich. Ich habe Angst.

Meine Freunde hast Du von mir entfernt. Nun bin ich für sie nur noch Abschaum. Ich liege wie ein Gefangener und kann nicht entfliehen.

Ich sehe aus wie ein Häufchen Elend, einfach jämmerlich! Herr, ich den ganzen Tag rufe ich nach Dir und strecke meine Hände nach Dir aus.

Wirst Du auch unter den Toten Deine Wunder tun? Werden die Verstorbenen aufstehen können um Dir zu danken?

Wird man in den Gräbern von Deiner Güte erzählen und von Deiner Treue im Tod?

Deine großen Wunder, erkennt man die auch im Reich der Toten. Oder Deine Gerechtigkeit in dem Land des Vergessens?

Aber schreie nach Dir, Herr, schon früh am Morgen bete ich.

Warum verstößt Du mich, Herr, und zeigst mir nicht Dein Angesicht?

Ich bin elend und ohnmächtig, weil ich so verstoßen bin. Ich leide an Deinen Schrecken bis ich vor Furcht erstarre.

Dein Zorn trifft mich; Dein Schrecken erdrückt mich.

Sie kommen zu mir, umströmen mich wie Wasser. Sie umzingeln mich.

Du hast dafür gesorgt, dass Freunde, Verwandte und Bekannte sich von mir wegen meines Elends abgewendet haben.

Psalm 88 - Auslegung

Der Tod naht in großen Schritten. Der Mensch ist allein. Alle Verwandte und Bekannte können das Elend nicht mehr ertragen und wendeten sich ab. Allein die Finsternis des sich ankündigenden Todes ist der Begleiter.

Fragen tauchen auf, ob im Reich der Toten auch Gott gepriesen und von seinen Wundern erzählt wird. Der Kranke ruft Tag und Nacht nach dem Herrn, er betet und weint bis ihm die Augen ihren Dienst versagen. Ihm bleibt nur die Frage „Herr, Du kannst mich retten. (...) Kannst Du mich hören?"

In Todesangst beschäftigt sich dieser Betende mit allen Fragen, die ihm ungeklärt erscheinen. Er wünscht sich nichts mehr. Als ein positives Feedback des Herrn. Er soll ihn erhören, soll bei ihm sein, ein offenes Ohr für ihn haben und vor allem berichten was nach dem Tod kommt.

Keine Situation und persönliche Lage können schlimmer sein, als dem Tod unmittelbar ins Auge schauen zu müssen. Und kein Moment ist uns Gesunden fremder als genau dieser. Wenige haben Nahtoderlebnisse gehabt und können davon berichten. Dieser Psalm zeigt uns aber die absolute Notlage voller Einsamkeit, Tränen und Schmerzen, in denen sich der Betende befindet. Es kommt der Wunsch nach Klarheit auf. Er will wissen ob Gott auch dann noch ein Thema sein wird, so wie bisher. Und: Er ist allein!

Wenn ich mir die Frage stelle, was ich aus diesem Psalm lernen kann, dann ist die Antwort ganz einfach! Kommt ein mir Nahestehender in die Nähe seines Todes, dann soll ich mich nicht von ihm abwenden. Ich soll ihm gefälligst beistehen, ihn trösten und seine Fragen nach bestem Wissen und Gewissen beantworten.

Das ist für mich die große Botschaft des Psalms 88.

PSALM 130 – HILFERUF BEI GROßER NOT

Aus der Tiefe rufe ich, Herr, zu Dir.

Herr, höre meine Stimme, laß Deine Ohren merken auf die Stimme meines Flehens!

So Du willst, Herr, Sünden zuzurechnen, Herr, wer wird bestehen?

Denn bei Dir ist die Vergebung, daß man Dich fürchte.

Ich harre des Herrn; meine Seele harret, und ich hoffe auf sein Wort.

Meine Seele wartet auf den Herrn von einer Morgenwache bis zur anderen.

Israel, hoffe auf den Herrn! Denn bei dem Herrn ist die Gnade und viel Erlösung bei ihm,

und er wird Israel erlösen aus allen seinen Sünden.

Martin Luther

Psalm 130 - Neufassung

Aus meinen Abgründen rufe ich nach Dir, Herr.

Herr, erhöre mich! Öffne für mich Deine Ohren und erkenne, dass ich Dich um Gnade bitte!

Wenn bei Dir alle Sünden zählen würden, wer könnte dann bestehen?

Aber Du vergibst sie und alle zeigen Ehrfurcht Dir gegenüber.

Ich warte auf Dich, meine Seele wartet und ich hoffe auf Dein Wort.

Meine Seele wartet mehr auf Dich als die Wächter auf den Morgen erwarten.

Israel, hoffe auf den Herrn! Denn er zeigt die Gnade und bringt große Erlösung mit.

Ja, der Herr wird Israel von all seinen Sünden erlösen.

Psalm 130 - Auslegung

Hoffnung erklingt zwischen den Zeilen dieses Psalms. Und vor allem auch der Wunsch nach Vergebung. Der Herr soll den Betenden erhören und gnädig sein.

Wer ist schon völlig frei von Sünden? Du? Oder ich? Niemand kann sich davon völlig freisprechen. Wenn es so wäre, dann gäbe es ja auch keine Beichte, gleich in welcher Form. Wobei ich selbst bei dem einen oder anderen Menschen schon entdeckt habe, dass genau die Beichte es ihm ermöglicht, sich anderen gegenüber schadhaft zu verhalten. Getreu dem Motto „Nicht schlimm! Ich gehe ja morgen zur Beichte!" Dass ist mit Sicherheit der falsche Weg und keinesfalls von Gott so gewollt. Was wäre, wenn der Herr alle Sünden anrechnen würde, wer könnte dann noch bestehen, wenn er ihm gegenübersteht? Eine gute Frage. Er vergibt sie, deshalb zeigen sich alle ihm gegenüber voller Ehrfurcht. So sagt es dieser Psalm. Wir können nur darauf hoffen, dass es genau so zutrifft.

Meine Meinung dazu ist recht simpel: Wenn Fehler (Sünden) gemacht wurden, dann spürt man es ja, auch an möglichen Konsequenzen. Menschen sind lernfähig, Deshalb ist es doch eine einfache Folge, dass der, der auf den richtigen Weg geht, genau diese Fehler nicht mehr macht, diese Sünden nicht mehr begeht.

Für mein persönlichen Lebensweg habe ich mich für diese Variante entschieden. Damit komme ich gut klar und kann mich weiterentwickeln. Das, so nehme ich es an, ist auf jeden Fall gottgefällig.

In größter Not auf ein Wort des Herrn hoffen macht Sinn. Wenn Hilfe und Unterstützung gebraucht wird, dann sind Gebete mit Sicherheit die richtige Entscheidung. Doch dabei muss man wohl ein bisschen geduldig sein. Der Herr wird nicht immer sofort antworten. Er gibt Dir nämlich die Zeit zu eigenen Erkenntnissen zu kommen. Auch wenn Du es überhaupt nicht mehr abwarten kannst, mit jeder Faser Deines Lebens so herbeisehnst wie die Wächter den Morgen. Die Geduldigen wird der Herr erhören, denn er ist mit uns allen wirklich sehr geduldig.

Ja, der Herr erlöst uns von all unseren Sünden. Das bleibt unsere Hoffnung, selbst in großer Not.

PSALM 138 – DANK FÜR DIE ERRETTUNG

Ich danke Dir von ganzem Herzen; vor den Göttern will ich Dir lobsingen.

Ich will anbeten zu Deinem heiligen Tempel und Deinem Namen danken für Deine Güte und Treue; denn Du hast Deinen Namen über alles herrlich gemacht durch Dein Wort.

Wenn ich Dich anrufe, so erhörst Du mich und gibst meiner Seele große Kraft.

Es danken Dir, Herr, alle Könige auf Erden, daß sie hören das Wort Deines Mundes,

und singen auf den Wegen des Herrn, daß die Ehre des Herrn groß sei.

Denn der Herr ist hoch und sieht auf das Niedrige und kennt die Stolzen von ferne.

Wenn ich mitten in der Angst wandle, so erquickst Du mich und streckst Deine Hand über den Zorn meiner Feinde und hilfst mir mit Deiner Rechten.

Der Herr wird's für mich vollführen. Herr, Deine Güte ist ewig. Das Werk deiner Hände wollest du nicht lassen.

Martin Luther

Psalm 138 - Neufassung

Ich danke dir von ganzem Herzen; vor den Göttern will ich Dich loben und für Dich singen.

Ich will Dich im Tempel anbeten und Deinem Namen danken für deine Güte und Treue. Du hast mit Deinen großen Worten Deinen Namen herrlich gemacht.

Wenn ich Dich anrufe, dann erhörst Du mich. Damit gibst Du meiner Seele große Kraft.

Alle Könige auf Erden sollen Dir danken, daß sie die Worte aus Deinem Mund hören können.

Sie werden auf Deinen Wegen Dir zu Ehren singen. Deine Ehre ist groß.

Du, Herr, bist erhaben, schaust auf die Niederen. Die Stolz und Überheblichen erkennst bereits aus der Ferne.

Selbst wenn ich voller Angst bin, gibst Du mir Kraft. Deine Hand reichst Du mir hinweg über den Zorn meiner Feinde und hilfst mir mit Deiner Kraft.

Du, Herr, wirst es für mich zu Ende bringen. Deine Güte gilt für immer. Beende niemals das Werk Deiner Hände und Deine Taten.

Psalm 138 - Auslegung

Der Jubel ist groß, denn der Herr hat das Rufen der Gebete erhört. Als Dank werden ihm weitere Gebete und Dankeslieder dargeboten. Die Rede ist von einer Wiederherstellung der Kräfte von Leib und Seele. Kein Wunder, dass alle von nun an nach Meinung Davids, des Betenden, Gottes Wort hören sollen. Denn er ist regelrecht begeistert.

Auch wir können unsere Freude und Erlösung von schwierigen Situationen mit Dankesgebeten erwidern. Der Herr hat uns in diesem Fall „erquickt", stark gemacht und für das weitere Leben wieder neu aufgestellt.

Selbst in größter Angst und Panik können wir, kannst Du Dich an ihn wenden. Er erkennt die Rechtschaffenden ebenso wie die zu Unrecht Arroganten, die Stolzen. Sein starker Arm hilft und hält uns über die Köpfe der schlechten Menschen hinweg.

Denn: „Der Herr wird's für mich vollführen." So heißt es im Psalm. Diese Worte sind aus meiner Sicht sehr große und mächtige Worte, die aus diesen Gebet Davids zu uns sprechen. Diese Zeile ist es, die Dir Hoffnung gibt, Zuversicht und Erlösung. Vielleicht gerietest Du noch nie in so eine problematische Situation, dass Du Dich mit einem Hilferuf an den Herrn gewendet hast. Wenn doch, dann weißt Du ja Bescheid, kennst die „Spielregeln" genau. Doch wenn es Dir bisher noch nicht zugestoßen ist, dann weißt Du nun nach Lektüre dieses Psalms exakt, dass Du Dich auf den Herrn verlassen kannst. Ich setze noch einen kräftigeren Ausdruck oben drauf: Du musst Dich sogar auf den Herrn verlassen, denn sonst bist Du verlassen.

Das entspricht meiner manchmal nihilistischen Ansicht. Allerdings meine ich damit, das zeigt mir meine Lebenserfahrung, dass es völlig schwierig ist, menschliche Unterstützung zu erhalten. Das gilt besonders, wenn die Problemlage eine längere schwere Krankheit ist. Wer von Deinen Bekannten wäre bereit über Monate für Dich da zu sein? Eine böse Frage, die aber nicht so böse gemeint ist.

Als Unterstützung haben wir, die wir an ihn glauben, den Herrn mit einem starken Arm an unserer Seite. Mit dieser Kraft richtet er uns wieder auf, wenn wir gefallen sind und gibt uns solange seine Hilfe, bis wir wieder von alleine laufen können.

Das ist doch eine gute Nachricht, oder?

WORTE ZUM SCHLUSS

Krankheit und Not, Todesgefahr und Seuchen: All das sind Notfälle, die in unser Leben eintreten können. Die von mir ausgewählten Psalmen sind Gebete, die in solchen Fällen Hoffnung, Hilfe und Unterstützung geben können.

Die Beschäftigung mit den Psalmen hat bei mir eine Menge bewegt. Auch durch das Studium historischer Bibeltexte trafen mich die starken Worte der Psalmen buchstäblich mitten ins Herz. Zuerst suchte ich für mich nach Gebeten. Dann las ich alle Psalmen, suchte einige zum Thema dieses Büchleins aus und schrieb sie um. In eine Sprache, die mir heute (und für mich) „betbarer" ist, als die Texte (auch die aktuellen), die ich kenne.

Die Faszination mit einer Bibel zu arbeiten, die Mitte des 19. Jahrhunderts gedruckt wurde, war für mich enorm groß. Ich kann es Dir auch empfehlen einmal so ein Exemplar in die Hand zu nehmen und darin zu lesen. Als ich es das erste Mal tat, empfand ich tiefste Ehrfurcht. Und genau von Ehrfurcht ist auch in vielen Psalmen die Rede. Meiner Einstimmung in die Gebete mit den großen Worten war also völlig der Weg geebnet.

Ich habe beim neu verfassen dieser Bibeltexte meine Variationen auch gebetet. Für mich sind die Versionen tauglich, gängig und leicht zu verstehen.

Die Auslegungstexte sind völlig persönlich und auf keinen Fall religionswissenschaftlich oder bibelkundlich auf die eine oder andere Weise zertifiziert.

Die Psalmen haben etwas mit mir gemacht, Gedanken angeregt und darüber habe ich geschrieben. Nun hoffe ich, dass es Dir genau so geht und meine Texte auch etwas in Gang gesetzt haben.

ÜBER DEN AUTOR

Der Soziologe stieß beim Blättern in der Bibel während einer persönlichen Notlage auf die Psalmen. Er suchte für sich die passenden Gebete aus und formulierte sie nach seinem Gefühl so um, dass sie für ihn passend waren. Und: Die Gebete haben ihm in seiner gesundheitlich schweren Zeit geholfen.

Er spürte, dass diese starken Worte der Bibel Auslöser für Veränderungen sein können. Und auch für Gedankenketten, die in Gang gesetzt werden.

Über diese schreibt er in seinen Auslegungen. Das kommende Projekt beschäftigt sich mit den Sprüchen der Bibel. Der Inhalt dieses Büchleins wird auch als Podcast und als Hörbuch veröffentlicht werden. Für nähere Informationen dazu wird gebeten die Suchmaschinen zu befragen.

Michael Felske ist als Autor in dem Bereich Aktivierung bei Demenz tätig. Ferner arbeitet er als Fotograf und Zeichner für Bilderrätsel.

Durch das Schreiben dieser Texte beschloss der Autor zum Bibelsammler zu werden.